ЗАРЯ СОВЕТСКОГО ПРАВОСУДИЯ

THE SOVIET JUDICATURE

Compiled and introduced
by Mikhail Heller

Overseas Publications Interchange Ltd
London 1991

ЗАРЯ СОВЕТСКОГО ПРАВОСУДИЯ

Составление и предисловие
Михаила Геллера

Overseas Publications Interchange Ltd
London 1991

ZARIA SOVETSKOGO PRAVOSUDIIA
Compiled and introduced by Mikhail Heller

First Russian edition published in 1991
by Overseas Publications Interchange Ltd
8 Queen Anne's Gardens, London W4 1TU, England

Originally published in 'Arkhiv russkoi revoliutsii', Berlin

ISBN 1 870128 12 5

Cover design by Danuta Niekrasow-Heller

Printed and bound in Israel

БЕСПРАВИЕ БЫЛО ВНАЧАЛЕ

"Когда я начинал эту книгу в 1958 году, — пишет Александр Солженицын, открывая "Архипелаг Гулаг", — мне неизвестны были ничьи мемуары или художественные произведения о лагерях". Мария Голдовская, постановщица фильма "Власть соловецкая", сделанного тридцать лет спустя, признает, что важнейшим источником для нее был "Архипелаг Гулаг". А между тем, с начала 20-х годов писались и публиковались — за рубежами страны — воспоминания, свидетельства, описания советского "правосудия", в том числе свидетельские показания о лагерях.

Немало этих документов опубликовал "Архив русской революции", издаваемый с 1921 по 1930 годы (опубликовано 20 томов) И.В.Гессеном. В предлагаемый читателю сборник вошли воспоминания, рассказывающие о рождении советского правосудия — "красного суда", наркомата "красной" юстиции, о первом острове будущего Архипелага — Соловецком лагере особого назначения. Защитник (как стали называть адвокатов) Сергей Кобяков изображает ужасающую галерею портретов палачей — от Крыленко до Карклина, от Елены Размирович до Петерса, обезумевших от крови, потерявших человеческий облик, и их жертв — людей, не понимающих, что с ними случилось. Воспоминания адвоката Н.Майера, пошедшего служить большевикам

18 февраля 1918 года, носят рефлективный характер. Их автор объясняет поступление на работу в комиссариат юстиции прежде всего желанием понять, "почему кучка большевиков похитила государственную власть так легко, как Иван-царевич спящую красавицу". Свидетельство Н.Майера представляет особый интерес, ибо, начав службу в Петрограде, он продолжил ее в провинции (Торжок, Тверь), внимательно наблюдая — сквозь призму уголовных дел — крестьянскую жизнь России после Октябрьского переворота. Н.Майер констатирует: "За последние годы русская деревня пережила два потрясающих момента, каждый из которых имеет неисчерпаемое историческое значение, предопределяя в долготу веков судьбы русского крестьянства. Первым моментом было получение сверх той земли, что была у крестьянина, и всей остальной; вторым — отнятие из его обладания не только вновь приобретенной, но и вообще всей земли, в том числе и той, которая у него была раньше... Крестьянину досталось одно лишь национализированное тело, неспособное на взаимность, на одну четверть его, на три четверти чужое". Сегодняшний читатель может оценить излишнюю оптимистичность пророчества автора воспоминаний: "Можно сказать с уверенностью, что медовый месяц еще предстоит крестьянству и что он не уступит его ни коммунизму, ни кому-нибудь другому... Сфинкс собирается заговорить, и слово его будет слышно всему миру". Записки А.Клингера о Соловках, написанные в 1925 году после бегства автора из лагеря, не были первым свидетельством о крупнейшем концлагере 20-х годов, но — наиболее полным. А.Клингер намеренно устранился из рассказа, не говоря ничего о себе — тем более впечатляет его свидетельство о неизвестной ранее в России форме репрессии, его портреты надзирателей-садистов (на Соловках это были синонимы), портреты бесчисленных жертв. Соловки начались в 1923 году, когда на острова стали прибывать заключенные из других северных концентрационных лагерей — Архангельского, Холмогор-

ского, Пертоминского. Автор воспоминаний, желавший ознакомить "общественное мнение всех стран с действительной картиной быта и режима в т.н. "местах заключения Особого Назначения", подчеркивает специфический характер "Соловков" по сравнению с обычными тюрьмами: полнейшая оторванность заключенных от внешнего мира, ничем не ограничиваемый произвол ГПУ, попытки тюремной администрации эксплуатацией труда заключенных достичь чуть ли не самоокупаемости лагерей.

А.Клингер говорит "Соловецкая каторга", не подозревая еще, что официально Соловки назывались концлагерем и что слову этому предстояла великая карьера в XX веке. Концентрационные лагеря, как особая, неизвестная России форма репрессии, рождаются летом 1918 года. Но термин родился в 1898 году на Кубе, где испанцы собирали в концлагеря враждебное население, затем в 1901 году их опытом воспользовались англичане во время войны с бурами: они стали собирать враждебное население в специальных лагерях, которые и получили название концентрационных. Словечко подхватили немцы, называвшие так лагеря для военнопленных. Характерной чертой концлагерей было их внесудебное использование (никто из помещаемых за проволоку не совершил преступления, не был осужден судом), а также то, что объектом репрессий было всегда некоренное население: кубинцы — для испанцев, буры — для англичан, пленные — для немцев. Советские концлагеря были предназначены для коренных жителей страны. Что не мешало, конечно, как рассказывает А.Клингер, отправлять на Соловки иностранцев, оказавшихся по тем или иным причинам в пределах досягаемости ВЧК и ГПУ.

Заря советского правосудия, о которой рассказывают авторы воспоминаний, собранных в сборнике, не предвещала солнечной погоды. Сегодня — это уже известно. Но знать — как и когда это началось — необходимо для будущего.

Михаил Геллер

Сергей Кобяков

КРАСНЫЙ СУД

Впечатления защитника в революционных трибуналах

"Архив русской революции", т. VII, 1922.

"Горе вам, убийцы народов..."

I

Реформа судебных установлений

Захвативши власть, большевики немедленно приступили к "реформам". Началась ломка всех старых порядков — и плохих, и хороших — и замена всего старого новым, соответствующим новому строю. Радикальной ломке подверглись и старые судебные установления. Вышел декрет, которым уничтожались все старые суды, начиная от Сената и кончая судами мировыми. Были созданы новые суды. Большевики любят подражать Великой Французской революции. И поэтому новые суды были названы трибуналами. Был создан Верховный Революционный Трибунал, единственное судилище на всю Советскую Россию, которое должно было разбирать дела о государственной измене, спекуляции и саботаже, раз эти дела имели государственное значение. Приговоры этого суда не могли быть обжалованы ни в апелляционном, ни в кассационном порядке. Приговор никем не утверждался и должен был приводиться в исполнение в течение 24 часов. Первоначально состав Верховного Трибунала был семичленный — председатель и шесть постоянных членов, назначаемых центральной властью. Но спустя короткое время семичленный состав был заменен трехчленным, причем в качестве судей назначались члены ЦИК. Основанием для такого изменения была, по-видимому, недостаточная суровость приговоров. И действительно, после этой "реформы" смертная казнь стала почти единственным приговором, выносимым Верховный Трибуналом. В каждом губернском городе был создан революционный трибунал, который ведал дела всей губернии.

Компетенция его не была достаточно установлена, и ему подсудны были дела о спекуляции и саботаже, не имеющие государственного значения, и кроме того и другие разнообразные дела, которые по тем или иным причинам хотели изъять от народных судей и предать в революционный трибунал. Здесь большевики пошли дальше царских суровых законов. В дореволюционное время власть в лице командующего войсками в местностях, объявленных на положении усиленной охраны, могла передавать общеуголовные дела в исключительные суды, и в законе был точный перечень подобных преступлений: убийство, разбой, грабеж, поджог, потопление и изнасилование. Я не говорю о делах политических, которые весьма часто передавались в военные суды. Большевики расширили это уродливое явление, и в исключительные суды передавались все литературные дела, дела о растрате частных денег, мелкие мошенничества и т.п. Состав революционных трибуналов был сначала тоже семичленный, но вскоре по тем же основаниям был заменен трехчленным. В Москве кроме губернского трибунала была создан еще городской революционный трибунал, который судил за преступления, совершенные в Москве. На приговоры революционных трибуналов можно было приносить кассационные жалобы и протесты. Но декреты разрешали жаловаться и по существу, если жалобщик находил приговор несправедливым.

Уничтожив Сенат, большевики создали свою кассационную инстанцию — Кассационный Трибунал, единственный на всю Советскую Россию, который должен был следить за чистотою процесса и устанавливать единообразие судебных форм производства. Этот институт был поистине интернациональным. Председателем был латыш Карклин, который в то же время состоял председателем Верховного Трибунала, членами — немец и еврей. Кажется, это были все советские сенаторы. Среди членов Кассационного Трибунала был Могилевский, единственный юрист, который совмещал эту должность с должностью... помощника обвинителя при Верховном Трибунале. И встречались такие нелепости. По делу следователей, обвинявшихся в получении взятки, Могилевский был одним из обвинителей. Когда Крыленко обжаловал приговор в Кассационный Трибунал, то в Трибунале заседал тот же Могилевский. Протест против такого невозможного совмещения был отвергнут как буржуазный предрассудок.

Кассационный трибунал присвоил себе функции и апелляционного суда. Не разбирая дела по существу, он то уменьшал, то увеличивал наказание, назначаемое революционным трибуналом. Обвиняемые в заседание Кассационного Трибунала не вызывались.

Московский Революционный Трибунал приговорил следователей, обвинявшихся в получении взятки, к тюремному заключению на шесть месяцев. Как известно, большевики отменили законы, регулирующие наказание за каждое преступление, и единственным мерилом наказания была "революционная совесть" судей. Крыленко, обвинявший по этому делу, негодовал. Он подал кассационный протест, и во время нахождения дела в производстве Кассационного Трибунала провел декрет, в силу которого наказание за принятие взятки должно было быть не менее пяти лет общественных работ. На заседании Кассационного Трибунала Крыленко требовал увеличения наказания до пяти лет ввиду существования декрета, хотя этот декрет и появился после суда над следователями и после подачи протеста. Кассационный Трибунал пошел дальше и увеличил наказание обвиняемым до десяти лет общественных работ.

Помню дело священника З., слушавшееся в Кассационном Трибунале по жалобе защиты. Священник З. судился в витебском Революционном Трибунале. Он обвинялся в контрреволюции. Вина его заключалась в том, что во время антибольшевистских волнений в городе Городке он отказался идти успокаивать разъяренную толпу горожан, когда насмерть перепуганные коммунисты прибежали к нему за помощью. Трибунал приговорил его к расстрелу. Когда открылось заседание витебского трибунала, вместо семи судей, которые должны были быть в составе трибунала, налицо оказалось только шесть. Трибунал этим не смутился и открыл заседание. Во время чтения обвинительного акта ушли еще два члена трибунала, а во время объяснения обвиняемых налицо было только три члена. На следующий день заседание открылось в присутствии пяти членов, а потом и это количество растаяло, и были моменты, когда во время судебного заседания за судейским столом сидел один председатель. Все это защита занесла в протокол. До заседания я пошел поговорить по этому делу с Крыленко. Он признавал, что судьи поступили неправильно, но считал, что это не могло отразиться на правильности приговора, так как судьи "...наверное рассказывали друг другу то, что происходило в их отсутствие". Мне стоило больших трудов убедить этого неудачливого генерал-прокурора высказаться за отмену приговора.

В Москве большевики пытались создать народный окружной суд наподобие старых окружных судов. Трудно сказать, какие дела должны были поступать в этот суд. По-видимому, об этом не знали и лица, стоявшие во главе советской юстиции. В действительности туда поступали и дела о спекуляции, и об убийстве и кражах. Состав суда состоял из председателя и двенадцати заседателей — членов коммунистической партии. Сидели эти господа вместе за одним судейским столом и вместе совещались. Большевики очень гордились этим нововведением. Когда мы говорили с председателем советской юстиции, что это громадный шаг назад по сравнению с судом присяжных заседателей, так как у заседателей отнята самостоятельность обсуждения дела, то большевики обычно отвечали: "Наши товарищи коммунисты судят на основании революционной совести, и никакой председатель, даже если он буржуй, не сможет сбить их с толка". Заседателями в окружном суде бывали и женщины, часто очень почтенные старушки, которых, по-видимому, голод загнал в коммунистическую партию. После нескольких трогательных фраз, произнесенных защитником, эти старушки начинали плакать, и поэтому приговоры в окружном суде выносились крайне мягкие, иногда доходившие до абсурда. Однажды в окружном суде судился красноармеец, незадолго вернувшийся из плена. Милиционер на Сухаревой башне обидел его товарища. Последний прибежал в Спасские казармы и рассказал об обиде. Обвиняемый выскочил на улицу с ружьем, разыскал обидчика и выстрелом в упор убил его наповал. Когда обвиняемый на суде стал рассказывать о своих боевых ранах, о том, как он страдал в немецком плену, заседатели плакали. Приговор был таков: красноармейца признать виновным в убийстве милиционера и вынести ему "общественное порицание".

В другой раз во время судебного следствия обнаружилось, что все дело спровоцировано агентами Всероссийской Чрезвычайной Комиссии. Суд постановил обвиняемого оправдать, а агента чрезвычайки предать суду, причем последний был немедленно арестован. Такое ведение дел не могло, конечно, нравиться заправилам, и народный окружной суд был очень скоро ликвидирован.

Все остальные уголовные дела, которые не попадали ни в Верховный, ни в Революционный Трибуналы, разбирались в народных мировых судах. Состав этих судов был трехчленный, председатель и два судьи — члены коммунистической партии.

"Великая реформа" коснулась и предварительного следствия и положения защиты.

В начале своего царствования большевики ввели в революционных трибуналах публичные предания суду. На заседание были допущены не только официальные представители сторон, но каждый из публики мог взять на себя роль защитника или обвинителя и сообразно своим взглядам или доказывать необходимость прекратить дело, или требовать предания суду. То же самое сначала допускалось во время судебного следствия, но скоро публичность предания суду была отменена, а затем состоялось распоряжение о недопущении в эти заседания и защитников. Таким образом, большевики вернулись к старому порядку, исказив его. Присяжная адвокатура была уничтожена. Вместо сословия присяжных поверенных была создана коллегия правозаступников*). Коллегия была автономна и имела свой выборный совет из 12 членов. Совет принимал желающих в члены коллегии, причем не должен был мотивировать отказ в приеме. Так как, согласно декрету, для поступления в члены коллегии не требовалось никакого образования, тем более юридического, совет стали осаждать прошениями о приеме люди, не имеющие никакого отношения к адвокатуре, бывшие приказчики, торговцы, прекратившие торговлю, и так называемые "аблакаты" из-под Иверской**). Совет всем им, конечно, в просьбе отказывал и за свое шестимесячное существование не принял ни одного не-юриста. На этой почве у совета возник целый ряд конфликтов с Юридическим отделом, который у большевиков по отношению к адвокатуре играл роль судебной палаты. Часто Юридический отдел запрашивал совет правозаступников, на каком основании такое-то лицо, член коммунистической партии, не принят в коллегию. Совет неизменно отвечал, что он не обязан мотивировать своего отказа. "Этак вы и Максима Горького не примете", — сказал

*) Все, что я говорю о коллегии правозаступников и коллегии обвинителей, относится к Москве и центральным губерниям.

**) Так назывались в Москве бывшие люди, которые стояли у часовни Иверской Божьей Матери и за бутылку водки писали прошения темному люду.

однажды председатель Юридического отдела Чегодаев, ныне на радость многим ушедший в заоблачные выси.

Права членов коллегии почти не отличались от прав членов присяжной адвокатуры. Член коллегии назначался советом на казенные защиты, мог вести любые дела, мог давать советы на дому и мог вступать в соглашение со своими подзащитными, но такого порядка большевики долго не могли терпеть. Первого марта 1919 года коллегия правозаступников была упразднена, а на ее место создалась новая коллегия, которой большевики присвоили нелепое название "коллегия правозащитников, обвинителей и представителей сторон". Декрет определил число членов этой коллегии в 200 человек, но пожелало вступить в нее только 60 лиц. (В упраздненной коллегии правозаступников в Москве было больше 800 членов.) Члены новой коллегии получали от правительства жалованье и обязаны были по назначению обвинять и защищать. Они не имели права вести самостоятельно никаких дел, им строжайше было запрещено принимать клиентов на дому под страхом привлечения к суду за шантаж (?).

Обвинение было сорганизовано при ЦИК и носило весьма длинное название: "Коллегия обвинителей при Верховном Революционном Трибунале при ЦИК". Во главе коллегии обвинителей стоял бывший главковерх Крыленко, который действительно и был вдохновителем и руководителем советской юстиции, так как народный комиссар юстиции, робкий и безвольный Курский, мало вмешивался в дела своего ведомства.

При Верховном Революционном Трибунале была следственная комиссия, возглавляемая супругой г. Крыленко, госпожой Размирович, женщиной жестокой и ограниченной. На самом деле всеми следственными действиями руководил Крыленко, который и выступал по этим же процессам в качестве обвинителя.

При революционных трибуналах были свои следственные комиссии, состоявшие из бесчисленного множества следователей. Большинство их были желторотые юноши и барышни с пышными прическами, важно ходившие на высоких каблуках. Безграмотны они были до абсурда. Поэтому в каждом следственном производстве встречались вопиющие недочеты, которые на суде трагически отражались на судьбе обвиняемых. Кроме того, большинство следователей брали взятки.

Такова была большевистская реформа старого суда, которая дала такие кровавые результаты. Я думаю, что в настоящее время дело советского правосудия еще ухудшилось, ибо в мае 1921 года вышел декрет, которым предписывалось трибуналам не объявлять подсудимым, в чем их обвиняют.

Этим декретом большевики выдали себе достойный аттестат...

II

Восстановление смертной казни. — Дело адмирала Щастного. — Дело 15 провокаторов

Здание Судебных установлений в Москве мало пострадало от восстания, но зато большевики постарались изгадить его внутри, и за несколько дней их господства помещение суда приняло совсем большевистский вид. В комнате, где хранились вещественные доказательства, подчас очень ценные, все было вверх дном. Все ценности были похищены. В уголовных отделениях лежали на полу груды порванных дел. Казалось, что какие-то люди искали "свои" дела, чтобы их уничтожить. Некоторые залы заседаний были превращены в уборные.

В комнате Совета присяжных поверенных были разбиты и разорваны портреты всех председателей Совета, а портрет С.А.Муромцева работы великого художника Серова был прострелен около сердца. Позднее этот портрет, который по справедливости мог считаться одним из лучших произведений Серова, был украден. Словом, все было изгажено и испорчено.

Но большевики не могли удержаться от фарисейского жеста. В Митрофановском зале, в котором должен был заседать Верховный Трибунал, было место для обвиняемых, обнесенное решеткой. Большевики немедленно сняли решетку. "Разве можно допустить, чтобы свободный гражданин социалистической республики сидел за решеткой". Вместо решетки поставили латышей, которые с большим рвением, чем царские конвойные, охраняли обвиняемых. И большинство "свободных граждан" из этого места шли на смерть... Это можно в "социалистической республике"...

* * *

Первое дело, которое слушалось в Верховном Трибунале, было дело адмирала Щастного. Он обвинялся в государственной измене. Надо сказать, что у большевиков судят не по закону, а по "революционной совести". Все статьи закона материального и процессуального права уничтожены. Поэтому определением преступления судьи не стесняются. Почти все преступления подводятся ими под "государственную измену" или под "спекуляцию".

"Государственная измена" Щастного заключалась в том, что он не исполнил приказа комиссара по военным и морским делам Троцкого и тем спас Балтийский флот.

Защищал Щастного В.А.Жданов, бывший защитник Каляева. Второго защитника А.С.Тагера Верховный Трибунал не допустил. Я помню, лет десять назад некоторые суды стали отказывать обвиняемому в допущении второго защитника, основываясь на произвольном толковании статей Устава уголовного судопроизводства. Как возмущалось этим общественное мнение! Как протестовали все, в том числе и большевики, видя в этом стеснение прав защиты! А теперь. Возвысил ли кто протестующий голос?

— Нет! Спасибо, что допустили хотя одного защитника.

Недели за две до слушания дела Щастного очередной съезд советов отменил смертную казнь по суду. Но через несколько дней Совет Народных Комиссаров издал декрет, которым разрешал судьям революционных трибуналов не стесняться в выборе меры наказания. Сопоставляя этот декрет с положением об отмене смертной казни по суду, можно было признать, что трибуналы могли налагать любое наказание, вплоть до бессрочных общественных работ, за любое преступление.

Когда защитник Жданов, которого, по-видимому, волновал декрет народных комиссаров, упомянул в защитительной речи о смертной казни, он был немедленно остановлен председателем Карклиным. Казалось, при таком положении можно было быть спокойным за жизнь Щастного.

Недолго совещался трибунал. Наконец он вышел, и председатель Карклин, латыш, на ломаном русском языке стал читать приговор: "Бывшего адмирала Щастного признать виновным в государственной измене..." Тут Карклин остановился, сделал минутную паузу и закричал во весь голос: "Расстрелять в 24 часа".

И вспомнилось недоброе старое время, вспоминались военные суды и палач — судья Милков. Те же приемы, те же ухватки. У Милкова было обыкновение во время чтения приговора делать паузу перед фразой, которая должна была решить вопрос жизни или смерти обвиняемого. Бывало, ждешь этой минуты, и сердце готово лопнуть от волнения. А он молчит и в упор смотрит на обвиняемого, и только розовое пятно на его лбу (мы звали это пятно "печатью дьявола") делается багровым. Промедлит минуту, доведет обвиняемого до обморочного состояния и спокойно скажет: "...признал виновным и приговорил к лишению всех прав состояния и к смертной казни через повешение"... Какая радость охватила нас, когда после Февральской революции правительство уничтожило смертную казнь. Чувствовали, что можем спокойно умереть.

Восторжествовало то, за что мы боролись всю жизнь. И как насмеялась над нами действительность...

Все присутствующие застыли от изумления: "Как, смертная казнь? Ведь она отменена съездом советов, ведь председатель не позволил защитнику в речи говорить о ней..." Бросились к Крыленко, который обвинял Щастного. "Чего вы волнуетесь, — сказал этот обер-фарисей, — Щастный не приговорен к смерти. Если бы его приговорили, то председатель прочел бы: "Щастного приговорить к смерти", а председатель огласил: "Щастного расстрелять", — а это не одно и то же".

Редактору московских "Известий" Стеклову, по-видимому, понравилось это гениальное толкование, и на следующий день это заявление было напечатано в официальной газете.

Среди членов трибунала, осудивших Щастного на смерть, был рабочий Галкин. Этот человек когда-то, при царе, был приговорен военным судом к смерти, и от смерти его спасла энергия его защитника В.А.Жданова, теперешнего защитника Щастного. Мы узнали "тайну совещательной комнаты". Больше всех настаивал на смерти этот Галкин; он произносил в совещательной комнате речи, он всячески склонял колеблющихся и добился своего. Так отплатил этот негодяй за свою спасенную жизнь.

Через 24 часа Щастный был расстрелян. Он умер весьма мужественно.

* * *

Первый вынесенный трибуналом приговор взволновал нас всех. Мы понимали, что достаточно вынести первый приговор, как в дальнейших не будет недостатка. Мы уже видели, во что вылились в чрезвычайках зверские инстинкты большевиков.

Будущее не замедлило оправдать наши опасения. Спустя некоторое время после убийства Щастного в Верховном Трибунале рассматривалось дело о 15 "провокаторах". Все они, будучи членами социалистических партий, были при царе агентами охранных отделений. При Временном правительстве "провокаторов" судил Совестный суд. Часть была освобождена из тюрьмы, а пятнадцать человек решено было оставить в тюрьме до созыва Учредительного собрания, которое и должно было бы решить, как с ними поступить.

Защитники были по назначению профессионального союза адвокатов. Верховный Трибунал приговорил восемь человек к смерти, а остальных к общественным работам. Жены и дети осужденных бросились на квартиру председателя Центрального Исполнительного Комитета Свердлова и стали умолять его о пощаде.

Свердлов принял их весьма сурово.

"Я — глава Российской Социалистической Республики, — сказал он. — Мне только стоит поднять трубку телефона, и все они будут живы. Но я этого не сделаю". Но он лгал. В то время, когда Свердлов издевался над чувствами матерей и жен, провокаторов уже не было в живых. Их расстреляли немедленно после суда.

Теперь не оставалось никакого сомнения, что смертная казнь будет самым популярным наказанием у большевиков.

III

Дело представителя английской миссии Локкарта

Обвинение против Локкарта, как оно вылилось в обвинительном акте, заключалось в следующем: в середине 1918 года английский лейтенант Райли, состоявший при английской дипломатической миссии, стал убеждать командира латышского полка Берзина совершить переворот и при помощи своего полка свергнуть большевиков. На подкуп солдат Райли предлагал Берзину миллион рублей. Берзин попросил несколько дней на размышления и сообщил об этих переговорах заместителю председателя ВЧК Петерсу. Последний рекомендовал Берзину согласиться на предложение Райли, взять деньги и обо всех переговорах сообщать чрезвычайке. Так Берзин и поступил; прикинулся противником советской власти, взял в разное время у Райли миллион и о всех своих действиях держал в курсе чрезвычайку. Когда у Райли выудили миллион, решили его арестовать, но опоздали: Райли скрылся. Тогда решили арестовать Локкарта, так как у чрезвычайки были "несомненные данные", что заговором руководит сам Локкарт. На арест Локкарта английское правительство ответило арестом Литвинова, который в это время находился в Лондоне. После недолгих переговоров Локкарт был "обменен" на Литвинова и благополучно уехал в Англию со всеми служащими миссии.

Локкарт уехал, но большевикам надо было доказать всему миру, что "презренная Антанта" строит козни большевистскому правительству. Решили предать суду Локкарта и Райли по обвинению в государственной измене, а для того, чтобы произвести впечатление на общество, решили создать процесс-монстр, присоединив к Локкарту и Райли целый ряд лиц различных национальностей. "Создавать" процессы большевики мастера. Недаром и в чрезвычайках, и в следственных комиссиях у них работают бывшие жандармы, недаром многие из большевистских вождей, как, например, Троцкий, Петерс и другие, при царе имели "дружеские связи" с охранными отделениями. Старый опыт пригодился и тут, и в течение трех-четырех месяцев был создан грандиозный процесс о "государственной измене".

Здесь был и гражданин Североамериканских Соединенных Штатов Каломатьяно, и французская гражданка Моранс, и английский подданный Хойт, и три чеха, и целый ряд русских граждан, начиная от двух почтенных генералов и кончая восемнадцатилетней артисткой студии

Художественного театра. Во главе обвинения стоял Каломатьяно, которому инкриминировалось то, что он, будучи торговым агентом Североамериканских Соединенных Штатов, собирал военные сведения и передавал их английской миссии. Остальные обвинялись или как служащие Каломатьяно по собиранию сведений, или как знакомые Локкарта и Райли. Дело слушалось в декабре 1918 года. Предварительное следствие, которое вела г-жа Елена Размирович, не дало уличающих данных. Следствием было установлено, что Каломатьяно через своих агентов собирал торговые сведения. Среди этих сведений попадались сведения и не торгового характера, но имеющие тесную связь с торговлей и необходимые для полного освещения торговой и промышленной жизни Советской России. Будущее покажет, была ли доля правды в обвинениях большевиков; на меня же весь этот процесс произвел впечатление явно спровоцированного. Я ни на минуту не сомневался, что Райли не вел переговоров с Берзиным о государственном перевороте, и был уверен, что миллион, который Берзин передал Петерсу, получен был Берзиным не от Райли. Не подлежало сомнению, что Каломатьяно не имел никакой связи с Локкартом и Райли. Впрочем, это последнее обстоятельство на суде и не пытались доказать. Заседание Верховного Трибунала происходило в здании Судебных установлений в Кремле, в Митрофаньевском зале. Было холодно и неуютно. Всюду заплевано, всюду грязь и какие-то рваные бумажки, словом, обычная картина всех помещений, где работают большевики. Зато зал блистал "отборной" публикой. В креслах, на которых ранее сидели присяжные заседатели, расположились "коммунистические генералы". Господин Иоффе, одетый как истинный дипломат, в великолепной шубе с седым бобром, в лакированных ботинках и в голубых перчатках; молодой "дипломат" Карахан, тоже одетый с иголочки, газетный диктатор Стеклов, Петерс и другие из коммунистической знати, все тепло и прекрасно одетые. Какой контраст производили они с обвиняемыми и защитниками! Ведь была уже вторая зима коммунистического рая, и часть одежды была уже пущена в обмен на продукты.

Председательствовал латыш Карклин, кроме него в составе трибунала было шесть человек, и среди них Галкин — комбинация, не предвещавшая ничего хорошего. После прочтения обвинительного акта оказалось, что обвиняемая Моранс ни слова не понимает по-русски, а потому не может сказать, признает ли она себя виновной или нет, так как не знает, в чем ее обвиняют. Защита стала энергично требовать, чтобы обвинительный акт был переведен на французский язык и вновь вручен Моранс. Трибуналу волей-неволей пришлось согласиться с этим, и он отложил дело на семь дней, поручив "товарищу" Анжелике Балабановой перевести обвинительный акт.

Через семь дней дело было заслушано. Состав суда был тот же. Обвинение вызвало двух свидетелей: Петерса и Берзина. Ни один из свидетелей со стороны защиты не был допущен, так как не в обычае большевиков предоставлять обвиняемым все средства защиты. Петерс и Берзин подтвердили все изложенное в обвинительном акте относительно Локкарта и Райли. Когда трибунал предложил обвиняемым дать объяснения, то каждый из них во главе с Каломатьяно пространно рассказывал о своей деятельности.

Среди обвиняемых был старый генерал, лет за десять до революции вышедший в отставку. Во время одного из повальных обысков, которые часто устраивали большевики, у него нашли письмо, полученное им от одного кавалерийского офицера. В этом письме была фраза: "Мы с вами одной школы". Этой фразы было достаточно, чтобы арестовать старика, продержать пять месяцев в тюрьме и обвинять в государственной измене, присоединив его дело к делу Локкарта. На судебном следствии старый генерал объяснил г-же Размирович, что эта фраза означает: "Мы с вами кончили одно и то же кавалерийское училище". — "Почему же в письме написано не "училище", а "школа"? — спрашивала Размирович. — Если бы дело шло о кавалерийском училище, то было бы написано "училище". Нет, под школой здесь надо разуметь какую-то белогвардейскую организацию". Напрасно генерал клялся, что всякий кавалерист, кончивший училище, всегда называет училище "школой", что это традиция, освященная чуть ли не столетием, напрасно просил вызвать для разъяснения этого вопроса знающих людей — Размирович с благословения своего мужа, Крыленко, признала, что этой фразой старик вполне уличается в участии в заговоре. На суде генерал повторил свои объяснения. Трибунал заинтересовался: очень уж не походил старик на конспиратора. Почувствовав, что дело не обойдется без эксперта, Крыленко предложил трибуналу допросить сведущее лицо, которое в настоящее время находится случайно в зале. Трибунал согласился. И вот на середину зала выходит дама, прекрасно одетая, башмаки до ушей, меховая шапка, меховая накидка — одним словом, модная картинка, и с апломбом заявляет, что кавалеристы, окончившие училище, никогда не зовут свое училище "школой". Крыленко торжествует и делает трибуналу выразительные знаки. Тогда начинает спрашивать защита:

— Откуда вам известно то, о чем вы с такой уверенностью говорите?

— Я это знаю.

— Вы кончили курс в кавалерийском училище?

— Нет.

— Скажите, а ваша фамилия Размирович?

— Да.

— И вы вели следствие по этому делу?

— Да.

— А обвинитель Крыленко ваш муж?

— Да.

Эффект получился полный.

Хотя большинству членов трибунала было известно, что перед ними стоит Размирович, но, по-видимому, трибуналу показалось неудобным допустить публично такое вопиющее беззаконие, и председатель Карклин ломаным русским языком заявил, что хотя Верховный Трибунал и не сомневается в правдивости слов "товарища" Размирович, но он желает еще выслушать мнение специалиста и приглашает в качестве эксперта "бывшего генерала Брусилова", за которым приказано было послать автомобиль. Явился Брусилов и на вопрос председателя подтвердил все, что с момента ареста говорил старый генерал.

Наступил день судебный прений. Крыленко неистовствовал. Он требовал для всех обвиняемых смерти. Чувствуя, что обвинение поставлено крайне шатко, он выдвинул ужасное положение, которое в дальнейших процессах должно было определить отношение трибуналов к обвиняемым.

"Не важно, — сказал этот новоявленный Фукье-Тенвилль, — совершили ли обвиняемые то, в чем их обвиняют; важно то, что они никогда не перейдут той грани, которая отделяет их от нас. И поэтому они должны быть уничтожены".

Среди обвиняемых был некто Солюс. Роль его в процессе была настолько ничтожна, что Крыленко пропустил его, перечисляя лиц, подлежащих уничтожению (а уничтожению подлежали все обвиняемые). Но секретарь трибунала, молодой человек, усыпанный прыщами, желая выслужиться перед генерал-прокурором, громко сказал: "Товарищ Крыленко, вы пропустили Солюса". Крыленко задумался и произнес три слова, которые должны были решить участь обвиняемого: "Солюс... его тоже".

Речи защитников длились два дня, и хотя чувствовалось, что обвинение совершенно разбито, все же волнение наше было весьма велико, когда трибунал ушел совещаться. Мы знали по делу Щастного, что представляет собой этот "суд", мы помнили положение, которое установил в обвинительной речи Крыленко. Мы долго не выходили из зала. Стояли группами и обсуждали возможный исход. К одной из групп подошел Петерс и сказал: "К чему эти волнения, и ваши, и обвинителя, все это лишнее. Не так надо поступать". На наш недоуменный вопрос, что же нужно, по его мнению, делать, он ответил: "Что делать? Привезти сюда пулемет. Вот и все. А результат будет один и тот же". Итак, и представитель советской юстиции, и представитель всероссийской чрезвычайки в разных выражениях выразили одну и ту же кровавую мысль: "Суда не надо". Если ты не коммунист, то с тебя достаточно и одной пулеметной расправы. Через два месяца после слушания дела Локкарта председатель всероссийской чрезвычайки Петерс и был назначен председателем московского Революционного Трибунала с оставлением в должности всероссийского палача. Так произошло трогательное слияние юстиции с охранкой.

Вопреки обыкновению трибунал совещался довольно долго. И вот, среди напряженного внимания присутствовавших с зале защитников и родственников, допущенных в зал заседания в небольшом количестве, ломая русские слова, стал читать Карклин приговор. Английские граждане Локкарт и Райли были признаны виновными в государственной измене и приговорены к расстрелу в случае возвращения в Россию и в случае... если в Англии будет социалистическая республика. Гражданин Североамериканских Соединенных Штатов Каломатьяно и бывший полковник Фриде как признанные виновными в том же преступлении тоже приговаривались к расстрелу. Генерал-майор Загряжский, Голицын, Потемкин, сестра Фриде и целый ряд других лиц приговаривались к пяти годам общественных работ, три чеха — к заключению в концентрационный лагерь до окончания в России гражданской войны. Англичанин Хойт, г-жа Моранс, артистка Оттен и старый отставной генерал были оправданы.

Приговор был сравнительно мягок, если вспомнить, что Крыленко требовал "уничтожения" всех обвиняемых. Смертный приговор над отсутствующими Райли и Локкартом поражал своей глупостью и мог вызвать только презрительную улыбку; за Каломатьяно мы не боялись: мы знали, что господа большевики храбры только на словах. Мы знали, что эти господа умеют беспощадно расправляться только с теми, у которых нет сильных заступников. И мы были уверены, что они не посмеют расстрелять гражданина Соединенных Штатов. Недаром защитник Каломатьяно Н.К.Муравьев открыто говорил об этом на суде. И мы оказались правы. Через семь месяцев после процесса Каломатьяно был жив. Я уверен, что он жив и до сих пор. Не то случилось с Фриде: он был русский гражданин, за него некому было заступиться, и он погиб. Бывшему военному судье Загряжскому трибунал дал пять лет общественных работ. Этот приговор весьма обрадовал защиту. Крыленко с особой энергией настаивал на "уничтожении" Загряжского, бывшего генерала, бывшего царского судьи и бывшего помещика. Крыленко утверждал, что Загряжский вместе с Фриде был "правой рукой Каломатьяно". Кроме того, приговор над Загряжским предопределял приговор над всеми рядовыми агентами.

Во время предварительного следствия все внимание Размирович было направлено не на расследование того, в чем обвинялся Загряжский. Это ее мало интересовало. Весь вопрос сводился к тому — приговорил ли Загряжский кого-нибудь к смерти в бытность свою при царе военным судьей. И я уверен, найдись хоть одна смертная казнь у Загряжского — ему бы несдобровать. Ибо эти братья евангельских фарисеев, которых с такой страстью проклинал Христос, не простили бы ему крови, в которой они сами погрязли выше головы. Но Загряжский отличался необыкновенной мягкостью и справедливостью и за всю свою судейскую карьеру не обагрил своих рук кровью. Мы очень боялись за судьбу Загряжского. После речей защиты сестра его жены, вдова знаменитого московского окулиста М., поехала в Петербург заручиться содействием Максима Горького в случае неблагоприятного исхода процесса. Горький занимал особняк в центре города. В десять часов утра М. сидела у него в приемной. Много роскошных обстановок, по словам М., приходилось ей видеть на своем веку и в Москве, и в Петербурге, и за границей. Но роскошь особняка Горького превосходила всякую фантазию. Пролетарский писатель принял М. в два часа дня. Нужно сказать, что г-же М. под семьдесят лет. Слабо извинившись за столь долгое ожидание и узнав, что М. приехала просить за своего зятя в случае, если он будет приговорен к смерти, Горький показал г-же М. утренние петербургские газеты, в которых был напечатан приговор. Миссия М. была кончена, и она уехала домой. В феврале Горький приехал в Москву. Воспользовавшись его пребыванием в городе, я отправился к нему вместе с г-жой М. Я думал использовать его влияние для того, чтобы применить к Загряжскому или амнистию, или досрочное освобождение. Я рассказал Горькому о деле Локкарта, о роли в этом деле Загряжского, указал на все неправильности, допущенные во время процесса. Мой рассказ, по-видимому, произвел на Горького впечатление, и он просил сейчас же набросать его на бумагу. Затем он обратился ко мне и спросил: "Скажите, Яшка Свердлов может в этом что-нибудь помочь?"

— "Яшка Свердлов, — отвечал я, — президент Российской Республики. Одна его подпись освободит Загряжского из тюрьмы". — "Ну так я велю ему сегодня же ликвидировать это дело", — сказал Горький. Прощаясь, я спросил Горького, почему большевики проявляют такую безумную и никому не нужную жестокость. Горький подумал и ответил: "Эта сволочь жестокостью хочет доказать свою лояльность". Такими словами Горький охарактеризовал своих единомышленников. Не знаю, забыл ли Горький приказать Яшке Свердлову или Яшка не захотел исполнить его приказание, — но Загряжский из тюрьмы выпущен не был.

Молоденькая артистка Оттен сильно волновалась. Поэтому она и во время речей, и во время чтения приговора находилась в комнате для обвиняемых. Когда защитники пришли сказать ей, что она оправдана, она долго не хотела этому верить, предполагая, что защитники только успокаивают ее и что она приговорена к смерти.

Крыленко негодовал. Вместо двух десятков смертей — всего только две, и притом одна проблематичная. И он постарался "уничтожить" хотя бы одного обвиняемого. Никакие просьбы, никакие хлопоты спасти жизнь Фриде не помогли. Чувствовалась кровавая рука "генерал-прокурора". Мне рассказывали, что из Кремля Фриде повезли на автомобиле расстреливать в Петровский парк. После расстрела его тело должно было быть привезено обратно в город. Пожалели ли палачи бензин или не захотели зря тратить времени, но Фриде был умерщвлен револьверными рукоятками на Кремлевском мосту.

IV

Дело "Союза торговли и промышленности"

Через несколько дней после дела Локкарта Верховный Трибунал слушал дело "Союза торговли и промышленности".

Было в Москве общество, учрежденное, по-видимому, при Временном правительстве. По уставу оно ставило себе весьма широкие задачи в области торговли и промышленности, но в действительности ни больших, ни малых дел у него не было и оно висело на ниточке. Председателем правления был небезызвестный в Москве П.И.Крашенинников, издатель нескольких газет, в том числе "Газеты Копейки".

Однажды, когда служащие конторы слонялись без дела из угла в угол, в контору явился молодой человек и отрекомендовался представителем "Финляндской Социалистической Федеративной Республики". (В то время Финляндия находилась под властью коммунистов.) "Фамилия моя Александров, — сказал он, — я представитель Финляндской республики, которая поручила мне закупить предметы первой необходимости; вот моя доверенность, а вот разрешение на эти покупки Совета Народных Комиссаров русской республики. У вас есть связи, и я хочу закупить товары через ваше общество". И тут же Александров показал бухгалтеру общества две бумаги. Одна была доверенность, выданная финляндским правительством, а другая — разрешение на покупку товаров. Вторая бумага была подписана несколькими народными комиссарами, в том числе Лениным, Луначарским, Чичериным и другими. Сейчас же были вызваны по телефону директора и начались переговоры. Александров предложил следующее. Он дает обществу полмиллиона рублей авансом, а общество отыскивает и покупает для Финляндской республики необходимые ей предметы, которые еще не реквизированы. При этом Александров просил, чтобы все переговоры с владельцами товаров велись в его присутствии. Представители умирающего от бездействия общества "с радостью" согласились на эту сделку. Александров сейчас же выдал аванс в размере пятисот тысяч рублей, но потребовал, чтобы в получении этих денег расписались как все члены правления, так и все ответственные служащие. Желание Александрова, конечно, было исполнено. И вот начались поиски нереквизированных товаров.

Александров интересовался всем. Железный лом — Финляндии необходим лом, мыло — давай сюда мыло, веревки — и веревки пригодятся в социалистической республике. Много было закуплено разнообразных товаров, причем каждому продавцу показывалось разрешение Совета Народных Комиссаров. Через некоторое время Александров предложил выдать правлению общества еще полмиллиона рублей и обещал привезти деньги в контору общества в понедельник в час дня, причем опять потребовал, чтобы в получении денег расписались все. В половине первого в конторе раздался телефонный звонок. Спрашивал Александров: "Ну что, все собрались в конторе?" — "Все". — "Так я сейчас приеду с деньгами". В час приехал в контору с деньгами Александров, а через десять минут явились в контору члены Всероссийской Чрезвычайной Комиссии и арестовали все правление и всех служащих общества. Арестовали также и Александрова. Охранники захватили все бумаги, в том числе доверенность и разрешение Совета Народных Комиссаров. Через несколько минут Александров был освобожден, а все остальные арестованные, начиная от председателя правления и кончая самым мелким служащим, были преданы суду Верховного Трибунала по обвинению в спекуляции. К ним присоединили всех владельцев и всех заведующих товарными складами. Таким образом, создался новый грандиозный процесс, который наряду с процессом Локкарта должен был показать миру, что в советской республике кишат контрреволюционеры и спекулянты, и отучить российского обывателя заниматься тем и другим.

Защита была допущена к изучению дела за три дня до его слушания. В одном из бесчисленных томов производства мы нашли бумажку, озаглавленную: "ВЧК. Отдел Хранилищ". Текст этого интересного документа был таков: "Предлагаю товарищу Х. немедленно вернуть в Отдел Хранилищ ВЧК один миллион рублей, выданный товарищу Александрову-Слуцкеру по делу "Союза торговли и промышленности".

Стало совершенно ясно, что дело Союза спровоцировано чрезвычайкой, стало ясно, что Александров, который оказался Слуцкером, был не представителем финляндской социалистической республики, а представителем Всероссийской Чрезвычайной Комиссии. Мы сняли копию с этого документа, и верность его засвидетельствовали все присутствовавшие защитники.

Через три дня началось дело. Председательствовал тот же Карклин, обвинял помощник Крыленко, Могилевский, бывший помощник присяжного поверенного, существо крайне бездарное и ограниченное. Скамью подсудимых занимали люди разнообразных профессий. Издатель Крашенинников, изобретатель Богатырев, владелец многочисленных фабрик и заводов Крейнес, несколько инженеров и целый ряд мелких служащих. Для "полноты картины" были привлечены все служащие Союза.

Просматривая производство в день суда, мы увидели, что исчез документ Отдела Хранилищ ВЧК. Оказалось, что г. Крыленко изъял из дела целый ряд документов, которые так или иначе могли компрометировать чрезвычайку. Это было сделано, по его словам, для того, чтобы не "затемнять" дела излишним балластом. При открытии судебного заседания защита протестовала против подобных воровских приемов прокуратуры. Трибунал сделал постановление о розыске этого документа, и он, кажется, был найден в конце судебного следствия. Особого интереса для нас в тот момент он не представлял, так как Могилевский, припертый к стене, должен был публично признать, что создание этого дела принадлежит Всероссийской Чрезвычайной Комиссии.

Не нужно упоминать о том, что Александрова-Слуцкера не было ни на скамье подсудимых, ни в числе свидетелей. Помня заветы царских жандармов, большевики с большой бережностью относятся к предателям и провокаторам. Слуцкер исчез с московского горизонта и, по-видимому, занимается своей полезной деятельностью вдали от Москвы.

Исчезновение Слуцкера нас мало беспокоило (мы к этому привыкли при царе), но что разволновало и возмутило нас — это исчезновение двух документов — доверенности Слуцкера и разрешения, подписанного членами Совнаркома. Чрезвычайка оказалась дальновиднее Крыленко и, найдя эти документы в конторе Союза, немедленно их уничтожила.

Всем присутствовавшим на суде, в том числе, конечно, и членам трибунала, было ясно, что никто из обвиняемых не совершил не только преступного, но и предосудительного поступка, так как все было совершено с разрешения Совнаркома; тем не менее, Могилевский требовал для всех сурового наказания. Предвидя, что защита в своих речах будет говорить о провокации, Могилевский признал, что дело было спровоцировано чрезвычайкой, и тут же пропел провокации хвалебный гимн.

"Я признаю, — сказал он, — что советская власть прибегает к провокации, но она должна это делать для спасения своего существования. Благодаря провокации мы раскрыли заговор Локкарта". Итак, наше предположение, что дело Локкарта было спровоцировано чрезвычайкой, получило официальное подтверждение.

После речи Могилевского Карклин торжественно объявил, что одно лицо, находящееся в публике, желает выступить в качестве обвинителя. Каково же было наше изумление, когда "лицом из публики" оказался тот же Крыленко. Опять полилась кровавая речь, опять замелькало слово "уничтожить". По-видимому, Крыленко остался недоволен "слишком мягкой" речью Могилевского. Вместо "сурового наказания" он требовал уничтожения обвиняемых. Только по отношению к изобретателю Богатыреву он допускал некоторое снисхождение. Процитировав фразу, произнесенную на процессе химика Лавуазье известным палачом Великой французской революции — Дюма: "Нам ученых не надо" (Крыленко приписал ее своему прародителю, гнуснейшему палачу Фукье-Тенвиллю), он выразил полную солидарность с этим положением, но все же признал возможным сохранить изобретателю жизнь. Нападая на членов Правления Союза, Крыленко доказывал, что члены правления, а главным образом председатель Крашенинников, хотели при помощи этой сделки набить свои карманы золотом. Это была наглая ложь. В деле был документ, почему-то не уничтоженный вовремя Крыленко, из которого было видно, что Крашенинников согласился быть членом правления Союза при условии, если он не будет получать жалованья и не будет участвовать ни в прибылях, ни в убытках общества. Но что для Крыленко значат какие-нибудь доказательства?

Защита с большой резкостью напала на приемы чрезвычайки, сравнивая их с приемами царской охранки. Надо отдать справедливость трибуналу. Председатель ни разу не остановил защитников. Но в действиях трибунала выразилось полное пренебрежение к интересам обвиняемых. Последним говорил присяжный поверенный Я.Б.Якулов, старый боец, защищавший одного из инженеров, заведовавшего каким-то казенным складом железа. Защитительный материал был огромный, потому что обвинительный акт наговорил на инженера всяких небылиц; Якулову пришлось начать речь поздно вечером. Проговорив час, он попросил пятиминутного перерыва, чтобы передохнуть. Председатель Карклин отказал. Якулов стал настойчиво требовать перерыва, указывая на то, что он так устал, что не в состоянии дальше продолжать речь. Карклин вновь отказал и заявил, что если Якулов не в состоянии продолжать речь вследствие усталости, то пусть он ее кончит. Карклин может сделать перерыв заседания, но после перерыва не позволит защитнику говорить. Это было неслыханное издевательство и над защитником, и над обвиняемым. Но это были только цветочки. Ягодки оказались впереди.

Поздно ночью трибунал вынес приговор. Члены правления Союза получали по пяти лет общественных работ, капиталисты и заведующие складами по десяти лет, служащие Союза были приговорены к общественным работам на меньшие сроки. Но дело не обошлось без крови. Инженер, которого защищал Якулов, был приговорен к расстрелу. На следующий день он был убит.

Так кончилось это возмутительное дело, которое циничностью и наглостью приемов опередило все то скверное, что так часто встречалось в царских судах. Было ясно, что никаких доказательств вины для большевистских судей не требуется и что каждый обвиняемый, в чем бы он ни обвинялся, есть политический враг и как таковой подлежит уничтожению или, по крайней мере, долгой изоляции. Это положение весьма ярко выразилось в процессе французской миссии.

V

Дело французской миссии

Члены французской миссии обвинялись в "государственной измене". Но когда дело дошло до предания их суду, то раздался властный голос Клемансо, требовавший возвращения всех членов миссии во Францию. Большевики по своему обыкновению струсили и отпустили миссию на родину. Но так как опять было необходимо доказать всему миру, что не только Англия, но и Франция чинит всякие козни советскому правительству и препятствует насаждению коммунистического рая в России, то суду Верховного Трибунала было предано семь русских граждан, которых обвиняли в содействии государственному перевороту. Вина этих мирных российских обывателей заключалась в том, что они были знакомы с некоторыми членами миссии, иногда встречались с ними, иногда разговаривали.

Председательствовал садист Галкин. Мягко улыбаясь, этот негодяй обратился к обвиняемым с предложением откровенно сказать всю правду, причем заявил, что это "значительно облегчит их участь". Обвиняемые один за другим стали давать объяснения, которые сводились к признанию знакомства с членами французской миссии. Галкин слушал и самодовольно улыбался. После объяснения обвиняемых трибунал сделал следующее постановление: "Ввиду того, что дело совершенно выяснено объяснениями обвиняемых, трибунал отказывается от выслушивания речей обвинителя и защитников и удаляется для постановления приговора". Присутствовавшие в зале заседания родственники и защитники обвиняемых вздохнули свободно. Люди, имевшие разум и сердце, понимали, что если трибунал не допустил судебных прений, отказался выслушать слова защиты, то он сам явится верным и надежным защитником обвиняемых. Припоминали слова Галкина, сказанные обвиняемым, и все спокойно ждали выхода судей. Они не заставили себя ждать долго. Минут через десять вышел Галкин и своим отвратительным гнусавым голосом крикнул: "Всех обвиняемых признать виновными в государственной измене и расстрелять в 24 часа..."

Много мне пришлось на своем веку выслушать смертных приговоров. И я видел людей, которые встречали приговор спокойно, не меняясь в лице. То были сильные духом революционеры, которые отдавали свою жизнь за благо народа. В долгие бессонные ночи, проводимые ими до суда, в тюрьме, они подготовляли себя к смерти и умирали на эшафоте героями. Но я видел и иных людей; я видел людей, которые, услышав в приговоре слово "смерть", впадали в полное оцепенение. Они делались мертвенно бледными, а у некоторых парализовались мускулы лица. Чаще это бывало, когда приговор поражал своей неожиданностью. Я встречал садистов-судей, которым доставляло наслаждение вселять обвиняемым во время суда надежду на благоприятный исход процесса. Сколько деликатности, сколько предупредительности высказывал такой судья. Иногда среди допроса обвиняемого назовет его, как бы случайно, "голубчиком". Обвиняемый расцветает: уж если "голубчик" — значит "хорошо кончится дело". А через час — смертный приговор. А судья-садист смотрит и наслаждается произведенным эффектом...

Так делалось в России при царе, так делается в России при коммунистах.

Все обвиняемые были расстреляны в ту же ночь...

VI

Дело Генерального Морского Штаба

Во время одного из повальных обысков, которые большевики чуть не ежедневно производили по всей России, у мичмана Иванова был найден запечатанный конверт, адресованный в Швецию. По вскрытии конверта в нем оказалось зашифрованное письмо, которое не без труда было расшифровано. В этом письме неизвестное лицо писало о работе, которую оно производит по отправке волонтеров на Северный антибольшевистский фронт. Мичман Иванов на допросе показал, что это письмо для отправки он получил от финского гражданина, лейтенанта в отставке Оккерлунда. Оккерлунд же показал, что этот конверт с письмом его просил отправить за границу лейтенант Васильев. При расследовании выяснилось, что лейтенант Васильев кончил жизнь самоубийством. Хотя следственная власть этому не поверила и весьма тщательно разыскивала Васильева, но из этих розысков ничего не вышло, и арестованы были только Оккерлунд и Иванов. Одновременно с арестом этих лиц чрезвычайка произвела обыск в Генеральном Морском Штабе и нашла целый ряд бумаг, которые, по мнению следователя, сильно компрометировали штаб и доказывали его причастность к контрреволюции. Все служащие штаба, как большие, так и малые, были арестованы, дело Оккерлунда и Иванова было присоединено к делу штаба, хотя между этими делами не было никакой связи, и таким образом вновь был создан громкий "процесс Генерального Морского Штаба", который и разбирался в Верховном Трибунале.

Среди служащих штаба был некто Абрамович, занимавший должность начальника морской контрразведки. В описываемое время Генеральный Морской Штаб и морская контрразведка находились в Москве. На обязанности

Абрамовича было собирать при помощи агентов всевозможные сведения о политической жизни Советской Республики, делать из них сводки и представлять эти сводки комиссару Генерального Штаба, какому-то матросу Балтийского флота. Абрамович инстинктивно ненавидел большевиков, и особенно свое начальство, народного комиссара по морским делам Троцкого. И вот однажды Абрамович получил от своих агентов следующее сообщение. На одном из фронтов какой-то красноармейский полк отказался идти в наступление. Приехал Троцкий и стал "уговаривать". Красноармейцы заявили, что если их поведет Троцкий, они пойдут в атаку. Троцкий согласился, и атака была назначена на 6 часов следующего утра. Когда пришло утро, то оказалось, что Троцкого и след простыл. Так как в течение нескольких дней местопребывание этого храбреца было неизвестно, то агенты контрразведки и донесли об этом своему начальнику, Абрамовичу. Последний составил доклад и представил его комиссару Главного Морского Штаба. Комиссар доклад одобрил, написал на нем "Принять к сведению", и тем бы дело все и кончилось. Но этот доклад попал в руки чрезвычайки, и возгорелось дело "о государственной измене". Из сотни докладов, которые Абрамович представил по начальству и в которых были сведения, принесшие в свое время коммунистам пользу, следователем был взят только один злополучный доклад, и на нем было построено обвинение.

При открытии судебного заседания председатель Галкин предложил защитникам объявить трибуналу, какой гонорар ими получен от обвиняемых. Вопрос был наглый, но пришлось дать ответ, потому что конфликт с защитой неминуемо бы ухудшил положение обвиняемых. Среди защитников был П.П.Лидов. Когда дело дошло до него, он заявил, что никакого гонорара он не взял, потому что его подзащитный человек неимущий, но что ему обещано возмещение расходов и оплата труда, если обвиняемый впоследствии будет иметь заработок. Галкин выразил сомнение в правдивости слов защитника. Тогда Лидов, выведенный из терпения поведением этого негодяя, крикнул: "А сколько вы заплатили вашему защитнику, когда вас судили при царе со смертной казнью?" Галкин замолчал. Он знал, что его в свое время защищали бесплатно.

Уже в начале процесса чувствовалось, что Оккерлунд и Абрамович — обреченные. За Оккерлунда я не особенно боялся. За несколько дней до слушания дела его жена показала мне бумагу, подписанную народным комиссаром иностранных дел Чичериным. Это было соглашение с финским правительством. Последнее в случае присуждения Оккерлунда к смерти соглашалось обменять его на четырех русских коммунистов, сидящих в финских тюрьмах. Кроме того, финны обязывались продать российской коммунистической республике семь тысяч пудов газетной бумаги. Я знал, что Стеклову очень нужна газетная бумага для своих длиннейших и бездарнейших статей, и был спокоен. Но положение Абрамовича было безнадежно. Он был уже русский гражданин, имел когда-то чин статского советника — а уже это одно обеспечивало гибель. На суде Крыленко стал утверждать, что сведения, собираемые контрразведкой, Абрамович передавал Антанте. И хотя являлся вопрос, для чего же тогда Абрамович все свои доклады, в том числе и фигурировавший на суде, передавал своему комиссару-коммунисту, — все же около Абрамовича образовалась очень тяжелая атмосфера.

Наши опасения сбылись. Оккерлунд и Абрамович были приговорены к расстрелу, остальные обвиняемые — к общественным работам и к заключению в концентрационный лагерь. Комиссару-коммунисту, который выступал только в качестве свидетеля, трибунал постановил сделать строгий выговор.

После прочтения приговора оказалось, что трибунал позабыл о мичмане Иванове. Крыленко немедленно указал на это упущение. Тогда Галкин заявил, что они действительно забыли обсудить дело Иванова, и трибунал вновь удалися на совещание. Лица родственников Иванова озарились надеждой. Трибунал забыл обсудить его дело, значит, он не может являться центральной фигурой и, значит, он не может подлежать высшей каре. Но защита волновалась, помня выходку негодяя Галкина на процессе французской миссии. Прошло несколько секунд, в зале вновь появился Галкин и прочел: "Иванова признать виновным в государственной измене и расстрелять". Все трое — Абрамович, Оккерлунд и Иванов — были расстреляны на следующий день. Никакие просьбы, никакие мольбы родственников по обыкновению не помогли. Но каким образом могли расстрелять финского гражданина Оккерлунда? Ведь относительно него было официальное соглашение об обмене его на четырех русских коммунистов и на 7000 пудов газетной бумаги! Приговор приводил в исполнение господин Крыленко, а он, по-видимому, считал, что для славы "социалистической республики" важнее казнить одного контрреволюционера, чем получить четырех русских коммунистов.

Мне передавали, что в ответ на убийство Оккерлунда финляндская власть расстреляла четырех российских коммунистов.

За что погиб Абрамович? Кроме указанного выше документа в его деле не было ни одной черты, которая бы могла его компрометировать, да и этот документ он передал своему ближайшему начальнику, комиссару-коммунисту. Абрамович погиб за то, что осмелился оскорбить Троцкого, усомнившись в его личной храбрости. В прежнее время за оскорбление царствующего императора полагалось наказание от ареста до каторжных работ. Обыкновенно суд назначал заключение в крепости. Мне известны весьма немногие случаи, когда царские палачи из желания выслужиться назначали за оскорбление величества каторжные работы. А оскорбление комиссаров, ныне царствующих в России, должно влечь за собою смерть. Щастный осмелился оскорбить Троцкого, усомнившись в его "адмиральских способностях", и Щастный погиб. Та же участь постигла и Абрамовича.

VII

Московский Революционный Трибунал

Так обставлялись дела в Верховном Трибунале. Провокация, предательство, глумление над обвиняемыми, постоянная кровь.

Хотя московский Революционный Трибунал и принял с самого начала кабацкий тон, все же в первое время он не выносил кровавых приговоров; но, заразившись примером своего старшего кровавого брата, скоро ввел у себя красный террор в систему. Нужно сказать, что московскому Революционному Трибуналу сразу не повезло. Первый его председатель Моисеенко оказался профессиональным мошенником, лишенным при царе прав по суду. Второй председатель, Берман, человек злобный и весьма ограниченный, превратил трибунал в кабак. Он первый установил обычай сидеть во время судебных заседаний в шапках; и судьи, и публика курили, грызли семечки. Скандалы и с защитниками, и с публикой происходили у него ежедневно. Во время суда над известным эсером Минором, у которого было три защитника, Берман удалил из залы заседаний двоих. Но третий защитник, рабочий, член районного комитета, отказался уйти добровольно. Тогда Берман приказал красноармейцам удалить рабочего силой. Тот уцепился за стол, а красноармейцы стали тянуть защитника за ноги и за руки. В зале суда во время заседания произошла форменная драка. Берман, перегнувшись через судейский стол, подбадривал красноармейцев криком и гиканьем. Последние, конечно, победили, и защитник-рабочий был выведен из зала. О.С.Минор тоже из протеста покинул зал заседания, затем ушел обвинитель, бывший юрист, человек, еще не успевший освоиться с порядками новых судов "революционный совести", а вслед за обвинителем ушла и вся публика. Берман остался один со своими судьями-ассистентами, но это не помешало ему окончить дело и вынести поистине соломоновский приговор. Минор был редактором газеты "Труд", издаваемой московским комитетом партии с.-р. Газета "Труд" печаталась в частной типографии Мамонтова — тогда еще некоторые типографии не были реквизированы. И вот Берман, признав редактора Минора виновным в том, что он поместил в газете "Труд" сведения, дискредитирующие советскую власть, оштрафовал Московский комитет партии с.-р. на пять тысяч рублей; в случае же невнесения комитетом этих денег в опделенный срок постановил... конфисковать типографию Мамонтова.

Свою жестокость и глупость Берман весьма ярко выявил на процессе вольноопределяющегося X. Этот молодой человек 18 лет обвинялся в том, что, находясь в госпитале, где он лечился от целого ряда ранений и контузий, отказался спороть свои солдатские погоны. На суде этот юноша объяснил, что он добровольно присягал Временному правительству и в снятии погон видит нарушение этой присяги. Берман признал его виновным в контрреволюции и приговорил к... восемнадцати годам общественных работ — по году работ за год жизни.

Когда Берман уехал за границу (говорили, что он увез с собой порядочную сумму "хороших денег"), председателем московского трибунала был назначен его помощник Дьяконов. Впервые стали появляться смертные приговоры, хотя только заочные. Но это был уже плохой симптом. Кабацкий тон трибунала, внесенный Берманом, изменился весьма мало. Однажды на суде под председательством Дьяконова разыгрался такой случай. Судили трех советских следователей московского Революционного Трибунала за получение взятки. Следствие по этому делу вел следователь трибунала, коммунист Цирцивадзе. Г-жа К., давшая взятку, утверждала, что она дала ее одному ходатаю по делам, который и передал взятку следователям-обвиняемым. Но другой свидетель утверждал, что эта взятка была разделена не между следователями-обвиняемыми*), а между другими следователями трибунала, среди которых находился и Цирцивадзе. Когда на первом судебном заседании трибунал постановил обратить дело к доследованию для установления каких-то фактов, то один из защитников попросил трибунал не поручать доследования Цирцивадзе, так как в деле имеются сведения, что он был одним из участников получения взятки. Не успел защитник кончить своего слова, как в публике раздался истерический крик: "Я не позволю защитнику меня оскорблять". Это кричал Цирцивадзе, произнося угрозы по адресу защитника. Дьяконов сейчас же вынес решение: "Ввиду того, что товарищ Цирцивадзе известен трибуналу как честный коммунист, поручить ему доследование этого дела".

Деятельность Дьяконова, по-видимому, не удовлетворяла ни Крыленко, ни чрезвычайку, и он был отставлен. Его место занял палач Петерс. Тогда наступила новая эра в жизни московского трибунала. Кровь полилась рекой.

VIII

Дело о покупке английской валюты

Временное правительство издало распоряжение, ограничивающее право свободной покупки иностранной валюты. Эти операции должны были производиться через кредитную канцелярию. Подобное распоряжение ставило иногда в затруднение провинциальных фабрикантов и заводчиков. Приходилось издалека ездить в Петербург и тратить время на хлопоты. Нашлись люди, которые стали брать на себя подобные поручения. Среди этих людей особенно энергично работал некий Вейнберг. Ему од-

---

*)Эти следователи не были коммунистами.

нажды удалось очень быстро выхлопотать разрешение на покупку небольшой суммы валюты. Это создало ему репутацию энергичного человека, и за его содействием стали обращаться многочисленные фабриканты и заводчики. В короткое время Вейнберг собрал от своих доверителей более восьми миллионов рублей. Каждому из них он выдал расписку в приеме денег для покупки валюты, подписанную директором канцелярии. Но так как валюта долго не получалась, то некоторые из его доверителей, обеспокоенные этим обстоятельством, сами поехали в Петербург и в Кредитной канцелярии узнали, что Вейнберг никаких денег на покупку валюты в Кредитную канцелярию не передавал и что все расписки, выданные им доверителям, были подложны. Возникло дело. Судебный следователь привлек Вейнберга к ответственности по обвинению в мошенничествах и в подлогах, а всех потерпевших (в числе пятнадцати человек) допустили в качестве гражданских истцов. Во время следствия произошел большевистский переворот. Следователь скрылся, и дело пропало. Через год, во время одного из обысков, это дело было случайно найдено и передано в следственную комиссию при московском Революционном Трибунале. Следователь прежде всего привлек в качестве обвиняемых пятнадцать потерпевших. Им было предъявлено обвинение в спекуляции. И, несмотря на то, что это привлечение было сплошным абсурдом, комиссия согласилась с мнением следователя, и суду Революционного Трибунала были преданы Вейнберг и пятнадцать потерпевших.

Состав трибунала состоял из помощника Петерса, какого-то бесцветного идиота и двух членов ЦК. Вопросы, которые предлагали обвиняемым эти невежественные люди, вызывали улыбку. Защита допущена не была. Дело слушалось через несколько дней после издания декрета об уничтожении свободной защиты и введении кадра защитников-чиновников. Приглашенных ранее защитников трибунал не допустил, а назначить для защиты чиновников не нашел нужным. Вейнберг не признал себя виновным и рассказал какую-то фантастическую историю о том, что арестованные восемь миллионов составляют только часть его колоссального состояния, которое равняется сорока трем миллионам. Вейнберг производил впечатление психически больного человека. Во время объяснения обвиняемых, которые в ярких чертах рассказывали об его мошеннических проделках, он громко смеялся. На второй день процесса Вейнберг сделал неожиданное заявление: "Все, что я говорил вчера, — сказал он, — была ложь". — "Ну что ж, это ваше дело, — спокойно ответил председатель, — нас это не касается". Когда обвинитель, бывший помощник военного прокурора, не потерявший еще чувства законности, начал в своей речи доказывать, что в деяниях потерпевших от мошенничества нет состава преступления, идиот, сидевший на месте председателя, прервал его следующими словами: "Гражданин обвинитель! Вам не предоставлено права защищать, да и вообще эти обвиняемые лишены права защиты".

Вейнберг произнес в свою защиту бессвязную речь, которая еще больше подтвердила, что суд имел дело с психически больным человеком. "Я знаю, что я буду расстрелян, — сказал он, — но я умру спокойно, так как я умираю за идею". Трибунал вынес мудрый и справедливый приговор: Вейнберга расстрелять, а всех остальных обвиняемых признать виновными в спекуляции и конфисковать все их имущество. Вейнберг подал кассационную жалобу и до рассмотрения ее окончательно сошел с ума. Он стал проявлять признаки буйного помешательства. Тюремный врач констатировал его болезнь. Но это не спасло его от смерти. Кассационный Трибунал оставил его жалобу без последствий, и он был расстрелян.

Наступила вакханалия смерти. Петерс перенес в московский трибунал приемы чрезвычайки. Ежедневно стали приговаривать к смерти по нескольку человек. Расстреливали решительно за всякое преступление. Некий Б. был приговорен к смерти за растрату денег, принадлежавших частным лицам. Одна женщина была приговорена к расстрелу за продажу продовольственной карточки. По счастью, она оказалась беременной, и большевики, по-видимому, из подражания палачам Французской революции, заменили ей смерть бессрочными общественными работами. Викштейн, ходатай по делам, был расстрелян за то, что, по мнению следователя, предполагал дать ему взятку. Трибунал конкурировал с чрезвычайкой. Петерс торжествовал.

IX

Провинциальные трибуналы. — Дело Владимирского управления

Не лучше обстояли дела в провинциальных трибуналах. Местные власти были помельче властей столичных и свое убожество старались прикрыть маратизмом. Мне пришлось однажды выступить в качестве защитника во владимирском Революционном Трибунале. Обвинялось губернское Акцизное управление (на коммунистическом языке оно носило какое-то нелепое название). Всех обвиняемых было 86 человек, начиная с управляющего и кончая сторожем. Обвинение было предъявлено весьма серьезное — расхищение народного достояния. Расхищение состояло в том, что перед праздником рождества все служащие получили по бутылке спирта, причем стоимость этого спирта была вычтена у каждого из жалованья. Все это было сделано совершенно открыто, с согласия комиссара финансов. Тем не менее, в двадцатых числах февраля было наряжено следствие, которое продолжалось два дня. Результатом этого следствия и было предание суду всего бывшего акцизного управления. Следствие вел комиссар по гражданским делам, портной Васильев, который и являлся на суде главным свидетелем. Председательствовал коммунист Туркин, развязный молодой человек. При царе он был ходатаем по делам и два раза сидел в тюрьме за растрату клиентских денег. Обвинителей собралось целых четыре. Я не припомню раньше ни одного случая, когда бы был такой избыток обвинителей. Один из них был студент, профессиональный алкоголик, другой — бывший присяжный поверенный, третий — человек неопределенной профессии. Фигура обвинителя была весьма колоритна. Это был коммунист Заводской, бывший до революции лакеем в доме терпимости. При коммунистах он занимал крупную должность председателя съезда народных судей.

Все обвиняемые признали факт получения спирта, но заявили, что они это сделали с разрешения комиссара финансов. Но последнего не удалось допросить, так как за несколько дней до начала следствия он получил командировку и уехал на фронт. Свидетель, гражданский комиссар Васильев, он же и следователь, произнес громовую обвинительную речь, в которой доказывал, что люди, пьющие водку, совершают великое преступление, так как растрачивают народное богатство. Для того, чтобы сильнее доказать, что на скамье подсудимых сидят растратчики народных благ, Васильев вынул из кармана и положил на судейский стол целый ряд порнографических карточек, которые, по его словам, он нашел при обыске у управляющего акцизными сборами. Показание Васильева происходило во второй день процесса. Я заметил, что на прокурорских скамьях нет одного из обвинителей — студента. Во время перерыва я поинтересовался узнать, почему студент-обвинитель отсутствует в столь важный момент, во время свидетельского показания самого губернатора. Председатель Туркин сказал мне "по секрету", что накануне вечером студент напился до потери сознания. А еще я узнал вот что. За несколько дней до начала следствия по настоящему делу коммунистическая знать провожала комиссара финансов. Нужно было достать спирту. Потребовать у акцизного управления сочли неудобным, так как предполагалось возбудить против него следствие. Тогда придумали следующее: следственная комиссия при владимирском Революционном Трибунале выписала из управления два ведра спирта для медицинских надобностей. Все было распито при проводах. В распитии принимал, между прочим, участие весь состав Революционного Трибунала, все четверо обвинителей и сам губернатор Васильев. Далее обвиняемые мне рассказали, что советские комиссары всех рангов и высот ежедневно требовали от них спирта, и это требование приходилось удовлетворять во избежание серьезных неприятностей. Один из обвиняемых мне показал письмо следующего содержания: "Товарищ N.N. Пожалуйста, пришлите немедленно четверть спирта с подателем сего письма. Не бойтесь, это студент, свой человек. Он не выдаст. Деньги за спирт отдам при встрече. Комиссар финансов X.".

Мне очень хотелось представить это письмо трибуналу, но обвиняемые просили меня не делать этого: "Привлекут комиссара, обратят дело к доследованию, а когда вы уедете, нас Васильев расстреляет. Он и так при допросе грозил нам револьвером". Пришлось согласиться с этим доводом и спрятать письмо.

Несмотря на то, что все обвинители сами были первыми "растратчиками народного богатства", они наперерыв один за другим требовали казни всех обвиняемых. Студент-алкоголик говорил о той громадной пользе, которую принесет спирт в нашей будущей промышленной жизни, и требовал смерти тех, которые уничтожают его ради собственного наслаждения. Но всех превзошел лакей из дома терпимости. Во время речи он почувствовал себя Маратом и потребовал, чтобы всех обвиняемых зарыли в землю, и притом "так глубоко, чтобы до нас не доходил смрад их разлагающихся тел". В конце речи он назвал меня "политическим авантюристом". Я заставил его замолчать, и когда мне было предоставлено слово, я рассказал трибуналу и находящейся в зале публике свою жизнь, которая протекла между защитами в судебных палатах и защитами в военных судах. Потом, обратившись к Заводскому я сказал: "А теперь вы расскажите, чем вы занимались до революции. Я уверен, что у вас не хватит смелости сделать это". Мои слова вызвали улыбку даже среди коммунистов, ибо все знали, какую почтенную должность занимал этот член коммунистической партии при царе. Мой вопрос, конечно, остался без ответа.

Приговор трибунала был достаточно мягкий, если только можно говорить о мягкости приговора, когда судят ни в чем не повинных людей. Восемь крупных чиновников были приговорены к общественным работам от 6 месяцев до 5 лет, часть обвиняемых была приговорена к условному тюремному заключению, остальные получили общественное порицание.

С тяжелым чувством уехал я из Владимира. Три дня я провел в атмосфере лжи и предательства.

Поистине несчастная страна, которой управляют такие люди.

X

Расстрелы подсудимых до суда. — Дело братьев Лютославских. — Дело бывших царских министров. — Дело протоиерея Восторгова

Всякие способы уничтожения людей были применены коммунистами. Сотнями отправляла на тот свет чрезвычайка. Верховный и городские трибуналы не отставали от нее. Но этого было мало. Большевики придумали еще один способ уничтожения своих противников, и я утверждаю, что никогда и ни одно правительство в мире не прибегало к такому гнусному и омерзительному способу. (Я говорю о расстрелах обвиняемых за несколько дней до слушания их дела в Революционных Трибуналах.) Правда, история знает Сентябрьские убийства во время Великой французской революции, когда толпа парижских санкюлотов ворвалась в тюрьмы, выводила заключенных на улицу и тут же их расстреливала. Но здесь действовало не правительство, а толпа. Да и эта необузданная толпа все же устраивала тут же на улице примитивный суд, и известны случаи, когда этот импровизированный трибунал оправдывал заключенных, и тогда их с торжеством отпускали домой. Большевики захотели иметь свои сентябрьские дни, и вот пятого сентября 1918 года в Москве было публично расстреляно без суда свыше восьмидесяти человек, из коих большинство было предано суду революционных трибуналов.

* * *

После падения Варшавы в Москву переселились братья Лютославские, Марьян и Иосиф. Оба они принадлежали к партии народовой демократии. Старший, Марьян, талантливый инженер, был товарищем председателя центрального комитета партии. Политикой в Москве Лютославские не занимались, но поддерживали тесную связь со своими товарищами по партии, очутившимися тоже в Москве благодаря эвакуации. С самого начала большевистского режима Лютославских стала травить вдохновляемая Радеком польская коммунистическая газета, издававшаяся в Москве. Не проходило дня, чтобы газета не обзывала их буржуями и контрреволюционерами.

Однажды в мае 1918 года на квартиру Марьяна Лютославского пришел неизвестный ему человек и заявил, что у него есть весьма ценный документ, именно — тайное соглашение советской власти с главным германским командованием. В силу этого соглашения Польша передавалась Германии на растерзание. Лютославский уже раньше слышал о существовании подобного документа и хотя признавал его апокрифическим, но все же согласился купить его. Неизвестный не оставил документ, а предложил Лютославскому за сто рублей списать его текст, составленный на очень плохом французском языке. Под ним были подписи как главного германского командования, так и видных коммунистических деятелей: Ленина, Радека, Чичерина, Крыленко и других. Лютославский списал текст и отдал документ обратно неизвестному. На следующий день в квартиру Лютославского явились агенты чрезвычайки, произвели тщательный обыск, захватили все бумаги, в том числе и копию документа. Марьян был немедленно арестован. Вместе с ним арестовали и его брата Иосифа, который случайно во время обыска находился в квартире Марьяна. Возникло дело, ведение которого поручили все той же Елене Размирович.

Марьяну Лютославскому было предъявлено обвинение в том, что он с целью дискредитировать советскую власть сочинил текст договора, по которому Польша с согласия советского правительства предавалась на растерзание Германии, для того чтобы разослать этот договор в посольства враждебных советскому правительству государств. Такое же обвинение было предъявлено Иосифу Лютославскому, но кроме того на основании бумаг, найденных при обыске, его обвиняли еще в организации польских легионов для борьбы с советской властью. Оба обвинения по отношению к Марьяну и к Иосифу были настолько нелепы, что при нормальном положении их ничего не стоило разбить. Но коммунисты ведут следствие не на основании общечеловеческих принципов, а на основании "коммунистической совести". Для них в деле Лютославских было важно одно: и тот, и другой состояли членами партии народовой демократии, и потому их нужно было "уничтожить". Размирович вела следствие с небывалой наглостью. Она не допускала никаких доказательств невинности. Лютославские говорили по-французски, как парижане. Марьян неоднократно произносил в Париже речи на политических собраниях. Документ, инкриминируемый братьям Лютославским, был написан на очень плохом французском языке. Было очевидно, что его писал человек, мало знающий этот язык. Среди бумаг, захваченных у Марьяна Лютославского, было обширное письмо на французском языке, написанное Марьяном и адресованное римскому папе. Я как защитник Лютославских просил Размирович пригласить по ее выбору эксперта-француза, заставить его поговорить с Лютославским, показать ему письмо к римскому папе и предложить вопрос, может ли человек, идеально говорящий по-французски, сочинить документ, полный самых неправильных оборотов, полный самых варварских выражений. На мое прошение последовала краткая резолюция: "В просьбе защитнику отказать, потому что она не имеет никакого отношения к делу".

Я узнал, что этот апокрифический документ был напечатан месяца за два — за три до ареста Лютославских в "Gazette de Lausanne" и в "Lokalanzeiger". Я просил г-жу Размирович запросить редакцию той или другой газеты, откуда они получили такой документ. Я рисковал, так как в случае ответа "из России" судьба Лютославских была бы определена. Но я знал, что этот документ был сфабрикован вне России. Вторичную просьбу постигла судьба первой. Г-жа Размирович мне отказала, ссылаясь на то, что и это не имеет никакого отношения к делу. Найти другие способы доказать отрицательный факт я не мог, и в моей душе теплилась слабая надежда, что в Верховном Трибунале мне удастся добиться приглашения эксперта, хотя я и понимал, что дело не в эксперте, а в том, что Лютославские — политические враги и что они никогда не воспримут радековских идей.

Не лучше обстояло и дело Иосифа. Он действительно пытался формировать польские легионы, но делал это с разрешения г-на Троцкого. Казалось, что прежде всего надо спросить об этом Троцкого. Я подал г-же Размирович мотивированное прошение. Последовало благосклонное разрешение: Троцкий будет допрошен. В то время большевики еще либеральничали. Защита допускалась на предварительном следствии, могла присутствовать при допросе свидетелей и задавать им вопросы. Я был уверен, что при допросе Троцкого мне удастся доказать ложность второго обвинения. Но уверенность моя была преждевременна. Оказалось, что Троцкого допрашивали не так, как простых смертных, которых вызывают в камеру следователя. Такую персону, как Троцкий, Размирович не посмела беспокоить. Она даже не дерзнула поехать к нему на квартиру для допроса. Она просто послала Троцкому вопрос, написанный на четвертушке бумаги: "Давали ли Вы разрешение гражданину Иосифу Лютославскому на формирование польских легионов?" Его величество Троцкий на той же бумажке между строчек вопроса изволил собственноручно начертать: "Нет, а впрочем, не помню". Не нужно было быть юристом, чтобы понять, что ответ Троцкого не вносил ничего для раскрытия истины. А между тем, если бы его допросил следователь и ему было бы указано, при каких обстоятельствах им была дана Иосифу Лютославскому аудиенция, Троцкий мог бы припомнить, что он действительно дал разрешение Иосифу на формирование польских легионов.

Та же Размирович за несколько дней до "допроса" Троцкого отказала мне в допросе "советского генерала" Бонч-Бруевича, мотивировав свой отказ тем, что в советской России генералов нет. Оказывается, генералы есть, и к ним очень почтительны господа вроде Размирович. На мое требование, чтобы Троцкого допросили так, как допрашивают всех граждан Советской Республики, Размирович ответила, что защитник не имеет права вмешиваться в способы допроса свидетелей. Следователь допрашивает свидетелей так, как он находит нужным.

"Следствие" велось в течение нескольких месяцев. В деле было много бумаг, написанных по-французски. Я потребовал перевода всех бумаг на русский язык, и это отняло много времени. Лютославские сидели в Бутырской тюрьме. Я часто вызывал их в следственную комиссию, которая помещалась на Спиридоновке, в Георгиевском переулке. Официально я мотивировал эти вызовы необходимостью просматривать документы в присутствии обвиняемых. Их сопровождали два солдата тюремной стражи. Иногда солдаты за известное вознаграждение разрешали Лютославским зайти к себе домой и пообедать в кругу семьи. И вот тогда возникла мысль подкупить стражу и бежать в то время, когда из следственной комиссии их будут отводить обратно в тюрьму. Долго мы обсуждали этот план, но в конце концов его пришлось оставить, так как и у Марьяна, и у Иосифа в Москве жили семьи, состоящие из жены и детей. Мы были уверены, что негодяй Радек выместит на женах и детях исчезновение Лютославских, а рисковать жизнью или даже свободой своих семей Лютославские, конечно, не хотели.

Следствие было закончено. Приближался день суда. Лютославским были уже вручены обвинительные акты, и в середине августа их из Бутырской тюрьмы перевели в Кремль, как обыкновенно большевики делают по всем крупным процессам, разбирающимся в Верховном Трибунале. Верховный Трибунал только что открылся, и дело Лютославских должно было слушаться одним из первых. Лютославских поселили в здании Судебных установлений в помещении бывших курьеров в подвальном этаже. Вместе с ними поместили переведенных тоже из Бутырской тюрьмы бывшего министра юстиции Щегловитова, бывшего министра внутренних дел Хвостова и бывшего директора департамента полиции Белецкого, которые были преданы суду Верховного Трибунала за свою деятельность при царе. Во время моих посещений Лютославских я познакомился с Щегловитовым и Белецким. Хвостов каждый раз при моем появлении в общей комнате сейчас же уходил в клетушок, служивший спальней, заваливался спать, причем немилосердно храпел. Щегловитов являл весьма жалкий вид. От бывшего диктатора ничего не осталось. Заискивающим тоном он просил меня разрешить ему и Белецкому остаться в общей комнате во время моих переговоров с Лютославским. Я, конечно, согласился. После деловых разговоров началась общая беседа. Дело Щегловитова должно было слушаться в Верховном Трибунале первым. Вторым предполагалось назначить дело Хвостова, третьим — дело Лютославских. И Щегловитов, и Белецкий не скрывали от себя ожидавшего их печального исхода процесса. Но Белецкий все время твердил: "А большевики меня все-таки не расстреляют. У меня есть цианистый калий, и я приму его после вынесения мне смертного приговора". Эта мысль, по-видимому, сильно поддерживала его дух.

Во время нахождения Лютославских в Кремле произошло покушение на Ленина, начались кровавые репрессии. Я стал волноваться за судьбу Лютославских, зная по опыту, что для большевистских гнусностей нет пределов. 2 сентября я пошел к польскому посланнику при советской республике А.Р.Ледницкому и высказал ему свои опасения. Я боялся, как бы Лютославских не расстреляли во время красного террора. Ледницкий успокаивал меня и показал официальное заявление народного комиссара иностранных дел, обращенное к представителю Польской республики, в котором Чичерин писал, что польские граждане не будут расстреливаться советскими властями без суда. Эта бумага успокоила меня весьма слабо. Я знал, что стоит большевистское слово, и помнил дело лейтенанта Оккерлунда.

5 сентября у меня на квартире происходило совещание по делу Лютославских с представителями польского общества. Один из участников совещания принес вечернюю газету, из которой мы узнали, что сегодня днем в Петровском парке в присутствии публики были расстреляны свыше восьмидесяти "буржуев и контрреволюционеров". Среди расстрелянных были бывшие царские министры Щегловитов, Хвостов, Маклаков, Протопопов, бывший директор департамента полиции Белецкий, протоиерей Восторгов, польские граждане князья Любомирские и другие. Присутствовавшие у меня поляки заявили, что в Москве князей Любомирских нет. У меня заныло сердце. Я почувствовал, что мы имеем де-

ло с репортерской ошибкой и что под фамилией Любомирских скрываются Лютославские. Поздно вечером того же дня я получил записку от жены Иосифа Лютославского, которая с тревогой извещала меня, что сегодня утром Марьян и Иосиф были увезены куда-то из Кремля и что она не может найти их следов. Я провел тревожную ночь и утром отправился к Крыленко.

Крыленко занимал прекрасный особняк князя Гагарина в Георгиевском переулке, как раз против следственной комиссии, в которой главенствовала его супруга, г-жа Размирович. Особняк был обставлен с большим вкусом, но это был вкус прежнего владельца. Когда я раньше приходил по делам к Крыленко, он принимал меня в первой комнате, где работали машинистки. На этот раз он провел меня в дальнюю гостиную. Это не предвещало ничего хорошего. Я спросил Крыленко: "Где Лютославские?" "Они вчера расстреляны", — совершенно спокойно ответил Крыленко. Мои нервы не выдержали. Я стал повышенным тоном говорить ему, что это предательство, что Лютославские были под его охраной и что он не смел отдать их под расстрел. Я напомнил ему о бумаге Чичерина, виденной мной у Ледницкого. Крыленко молча слушал, а затем удивленным тоном спросил: "Скажите, почему вас это волнует?" В этих словах выразилось все миросозерцание этого предателя-палача. Действительно, стоит ли волноваться? Что это — мои близкие друзья или родственники? Разве это коммунисты, смерть которых должен оплакивать каждый обитатель советского рая? Нет, это буржуи и реакционеры, члены партии народовой демократии... Я больше не мог выносить этого наглого цинизма и быстро вышел из комнаты. Я долго бродил по Москве, потрясенный этим убийством. Я зашел к другу Лютославских, варшавскому присяжному поверенному Мрозовскому, разумные советы которого я очень ценил, но не застал его. Наконец я вернулся домой. Дома мне сказали, что в мое отсутствие ко мне заходил справиться о своем отце сын Марьяна Лютославского, студент-первокурсник. Не застав меня, он отправился к Крыленко, причем просил мне передать, что после Крыленко опять зайдет ко мне.

Много я видел в своей жизни слез, много я перечувствовал чужих страданий. Я помню, при царе пришла ко мне немолодая женщина, сына которой я защищал. Его приговорили к смерти. Приговор был утвержден, все просьбы о помиловании были оставлены без последствий, и он должен был умереть в ближайшую ночь. Она вошла в кабинет и села около стола. Она ничего не спросила меня. По моему лицу она поняла, что уже нет никакой надежды. Она молчала... и только ее слезы капали на письменный стол. Молча она ушла, а на моем столе осталось маленькое озеро материнских слез... Но я не знал, хватит ли у меня силы сказать этому юноше, который принесет с собой слабый луч надежды, ужасную весть о гибели его отца и дяди. Я был уверен, что Крыленко его не примет.

Юноша пришел. В его глазах действительно теплился луч надежды. Я обнял его и сообщил ему о гибели его близких... Вот что рассказал он мне потом. От меня он отправился к Крыленко. Он долго добивался пропуска и наконец был впущен в первую комнату. Крыленко не было. Ему пошли доложить. Крыленко приотворил дверь, высунул голову и спросил: "Что надо?" "Где мой отец и дядя?", — спросил молодой Лютославский. "Из газет узнаете", — крикнул Крыленко и захлопнул дверь...

Как мне передавали, расстрел Лютославских, бывших министров и других несчастных русских граждан произошел при следующих обстоятельствах. Утром 5 сентября к помещению, где содержались Лютославские, подъехал автомобиль, и чекисты объявили заключенным, что Чрезвычайная Комиссия требует арестованных на Лубянку для передопроса. Лютославские, Щегловитов, Хвостов и Белецкий были посажены в автомобиль и увезены. Ничего не подозревавший Белецкий не захватил с собой яда. На Лубянку из всех мест заключения было привезено много народа. Там им было объявлено, что все они сегодня будут расстреляны. Это известие благодаря своей неожиданности произвело потрясающее впечатление. Раздались слезы, послышались истерические крики. Всех обреченных на смерть было более восьмидесяти человек. Среди них был протоиерей Восторгов, обвинявшийся в спекуляции. Много грехов было на душе у Восторгова. Всю жизнь занимался он доносами, травил людей и национальности и вел жизнь, не подобающую проповеднику идей Христа, но дело, по которому его обвиняли большевики, не заключало в себе ничего преступного и по обыкновению было спровоцировано чрезвычайкой. И этот человек перед смертью проявил редкое величие духа. Он предложил всем желающим исповедаться у него. И много людей потянулось к нему за исповедью. В одну кучу смешались всесильные министры, спекулянты, офицеры и просто мирные обыватели, захваченные большевиками. И у этого человека, который сам должен был умереть через несколько часов, для каждого нашлось слово утешения. А вот другой служитель Христа, Макарий Гневушев, тоже предназначенный к расстрелу, предложил чрезвычайке раскрыть все тайны русского духовенства при условии, если ему будет сохранена жизнь. Чрезвычайка согласилась. И полилась на страницах официальной газеты грязь, разоблачавшая нравы нашего духовенства. Так разно поступили эти два человека, одинаково позорно проведшие свою жизнь.

Расстреляли всех в Петровском парке. Казнь была совершена публично. Чекисты выкрикивали имена казнимых. Указывая на Щегловитова, они кричали: "Вот бывший царский министр, который всю жизнь проливал кровь рабочих и крестьян..." За несколько минут до расстрела Белецкий бросился бежать, но приклады китайцев вогнали его в смертный круг. После расстрела все казненные были ограблены. Большевистская власть в виде поощрения разрешает палачам обирать трупы казненных.

На Марьяне Лютославском было надето старое фамильное кольцо-печатка. Все старания получить его или что-нибудь из вещей, бывших на Лютославских в момент смерти, не увенчались успехом. Все было расхищено.

Н.Майер

СЛУЖБА В КОМИССАРИАТЕ ЮСТИЦИИ И НАРОДНОМ СУДЕ

"Архив русской революции", т. VIII, 1923.

I

В начале 1918 года происходили последние открытые заседания петроградской присяжной адвокатуры. Круглый зал Тенишева был полон. Сообщались информации о последних событиях, докладывали о дисциплинарных производствах, возбужденных против членов сословия, так или иначе соприкоснувшихся с большевиками, старались разглядеть хоть что-нибудь в темных зловещих перспективах, раскрывшихся перед наиболее общественной русской корпорацией.

Этого нельзя было сделать — так же как нельзя угадать деталей картины, для которой приготовлен лишь загрунтованный холст. Странно было только то, что и с этим зловещим фоном никто не хотел считаться.

Единственное столкновение реальных сил, произведенное в Москве, дало перевес большевикам. Озлобление низших классов населения против каждого, носившего внешние признаки принадлежности к классам привилегированным, выливалось до такой степени бурно, что стало невозможным, например, ездить в трамваях, не подвергаясь оскорблениям, высказывать свое протестующее мнение на митингах и т.д. и т.д.

Солдатское море бурно разливалось по всей России, грабя и распродавая казенное имущество. Имения и усадьбы пылали непрекращающимся заревом. Среди этих событий текли один месяц за другим, и несмотря на это двухнедельный срок царствования большевиков продолжал оставаться сакраментальным в представлении оппозиционеров советской власти.

Молодой помощник присяжного поверенного Энтин обмолвился фразой: "Нельзя же, в конце концов, отрицать, что большевики на что-то опираются!"

Буря негодования разразилась в зале. Никто не хотел этого признать. "Большевики сами не уверены в себе. Считают себя калифами на час. Опираются на банды дезертиров и грабителей..."

В том же собрании постановили послать приветственную телеграмму Керенскому...

Тяжелое чувство оставалось после этих собраний.

Петроградской адвокатуре никогда не везло в ее политических выступлениях. Активная адвокатская забастовка, поставившая в смешное положение пять-шесть адвокатов, и в том числе кристально чистого князя Андроникова, фигурировавшего в качестве подсудимого по обвинению в срыве работ в канцеляриях суда. Вспоминались насмешливые слова предостерегавшего от забастовки З.Л.Рапопорта: "Воображаю, каким гомерическим смехом смеялся бы Бебель, если бы узнал, что в Петербурге забастовали адвокаты!" Он оказался прав, смеялись многие; одни исподтишка, другие откровенно.

Вспоминалась резолюция по делу Бейлиса, когда на торжество Крашенинникову*) многие из подписавших воззвание адвокатов оказались на предварительном следствии "случайно" зашедшими в зал, где происходило собрание.

Наконец, эта приветственная телеграмма Керенскому! Что это? Любовь до гроба к коварному изменщику-обольстителю или патриотизм адвокатских родных осин?

Трагические фразы увертюры русской революции не хотели слышать. Считали, что это не увертюра, а что вся

---

*)Старший председатель палаты Санкт-Петербургского судебного округа.

опера уже сыграна и продолжается лишь кувырканье каких-то паяцев, на которых при нежелании можно и не смотреть. Не верили в наличие стихийного распада русской государственности, начавшегося издалека и с нарастающей быстротой продолжавшего свой долгий неотвратимый, еще поныне незаконченный путь.

В период помрачения народного самосознания, в моменты, когда погасают сторожевые огни человечества или превращаются в обманчивые болотные, блуждающие огоньки — глас народа перестает быть гласом Божьим, ошибочно руководствоваться коллективной интуицией, каждый становится ответственным сам за себя и нет ему судьи в том или ином пути, на который он вступит для достижения целей, поставленных лично перед ним безобразной действительностью.

---

18 февраля я поступил на службу к большевикам.

Из многочисленных причин, побудивших меня к этому, главенствующей было желание п о н я т ь.

Некоторое время я ничего не понимал. Я не мог ответить самому себе, почему сошла на нет керенщина, почему кучка большевиков похитила государственную власть так легко, как Иван-царевич спящую красавицу. На каком сером волке едут они в тридевятое царство? Позднее я стал думать, что все это произошло потому, что Керенский вовремя не арестовал Ленина и Троцкого, что не был своевременно ликвидирован совет рабочих и солдатских депутатов, что неудачный подбор людей во Временном правительстве лишил его внутренней крепости и авторитета.

В самое последнее время я начал понимать, что причины, которыми я старался себе объяснить, вовсе не причины, а явления производные от какой-то другой огромной причины, причины всех причин, вокруг да около которой мы ходим все и никак не можем увидеть ее воочию и в настоящую ее величину.

Чтобы достигнуть этого понимания, нужно было знать много того, чего я не знал.

Что из себя представляют большевики в новом для них наряде государственных деятелей, какие формы сулит государственный коммунизм и каким образом может быть применена теория Маркса к стране с многочисленным, недоразвитым, неорганизованным пролетариатом?

Многие из тех, что делали умное лицо при упоминаних о Марксе, о большевиках и меньшевиках, интернационале и прочем, весьма неохотно и невнятно отвечали на эти вопросы. Пора было признаться в своей неосведомленности и узнать все дело из первых рук, познакомиться с большевиками потеснее и разглядеть их не с той стороны, с какой они хотели себя показать, а по возможности до самой их подоплеки.

Я не разделял того мнения, что большевики никем не поддерживаются. Кроме очевидного обрастания большевиков солдатскими массами, кроме таких фактов, как, например, получение большевиками огромного количества голосов при выборах в Учредительное собрание, сильны были впечатления от разговоров с отдельными людьми, далекими от демагогии и желания агитировать. Не раз приходилось слышать фразы, произнесенные убедительным спокойным голосом, вроде того, что: "Эта самая правильная!", "Скоро все нашими будут!"

Можно было с несомненной справедливостью доказывать, что часть крестьянства, поддерживающая большевиков на местах и рассеявшаяся по всей России в серых шинелях, являла собой далеко не лучшую часть крестьянства, что привлечение к себе активной силы совершается большевиками нечестным образом, что искренне верующие в большевизм элементы создаются демагогией, обманом, потворством их разнузданности и собственной темнотой. Но того, что большевики на эти окружающие их людские массы опираются, — этого оспаривать было невозможно. Факт оставался фактом, и хотя и с сердечной болью, но с ним приходилось считаться.

В особенности это становилось ясным при сравнении воинствующего большевизма, наступавшего с ружьем в руках, с защищавшейся общественностью, не могущей выставить никакого иного орудия защиты, кроме пассивного сопротивления — саботажа, не имевшего возможности, как то и заранее можно было предсказать, именно в силу своей пассивности привести к каким-либо реальным результатам.

Комиссариат юстиции еще только формировался. Из прежнего состава служащих остались несколько мелких канцелярских чиновников. Во главе комиссариата стоял левый эсер Штейнберг с ближайшими помощниками, однопартийными Шрейдером и Алгасовым. Начинал играть некоторую роль в жизни комиссариата профессор Рейснер. Комиссариат был разделен на отделения: гражданское, уголовное и административное. Гражданским, куда я поступил в качестве консультанта, заведовал исконный большевик Красиков, присяжный поверенный, практиковавший ранее по увечным делам.

Отделение состояло из канцелярии, двух помощников секретарей, секретаря, консультантов и выборного из них старшего консультанта, являвшегося фактически заведующим отделением, так как от него исходили распоряжения по канцелярии и направление текущей работы. Красиков присутствовал лишь на собраниях коллегии консультантов, к нему же обращались за разъяснениями по поводу того или иного применения декретов.

Работа отделения складывалась из двух видов деятельности:

во-первых, она заключалась в рассмотрении дел, поступивших до переворота в бывший 2-ой департамент Министерства юстиции, главным образом по жалобам на решения губернских присутствий по крестьянским делам, поступавшим в министерство для заключения о возможности переноса дел в Сенат по кассационным причинам. Ввиду упразднения Сената комиссариат оставил за собой это значение кассационной инстанции и выносил решения коллегиально после доклада и прений. Около половины таких дел являлись спорами о праве собственности на землю и потому прекращались производством за силою декрета о признании земли собственностью государства,

во-вторых, в приеме просителей, совершенно ошеломленных закрытием судов без всякой замены их другими судебными инстанциями, осаждавших комиссариат всевозможными недоуменными вопросами. Для приемов назначались поочередно дежурные консультанты, которые и давали соответствующие разъяснения, ссылаясь на тот или иной декрет Совета Народных Комиссаров.

Остановка в рассмотрении судебных дел, отсутствие указаний на срок, когда суды будут созданы вновь, ставили страну в чрезвычайно тягостное положение и привели к тому, что превратили во многих пунктах России местные революционные трибуналы в универсальные судебные инстанции, разрешавшие все дела, вплоть до бракоразводных. Легко вообразить себе, какие решения выносились в этих явочным порядком образовавшихся судах, если принять во внимание, что заседали там часто совершенно неграмотные, в полном значении этого слова, солдаты и рабочие.

Бесчисленные посетители с запросами о судьбе того или иного дела, протекавшего в прежних судах, могли быть удовлетворены разъяснением декрета и хотя бы приблизительным указанием, в каком учреждении они должны сторожить появление своего дела. Хуже обстояло с лицами, жаловавшимися на неправильное решение их дел трибуналами. Неизвестно было, куда можно обжаловать их решения, нигде не были обусловлены отношения подчиненности их комиссариату юстиции, совершенно непонятно было, на каких законах базируются их определения и не исключительно ли из глубин "революционного правосознания" вытекло то или иное со всех точек зрения неправосудное решение.

В силу этих обстоятельств дежурному консультанту приходилось часто иметь дело с вопросами, совершенно неразрешимыми, отделению же приходилось предписывать об отмене решения, о пересмотре дел, опираясь, за отсутствием законных иерархических оснований, на решительность тона и категоричность выражений. В некоторых случаях эти требования посылались даже телеграфно. Но решительно никаких признаков того или другого результата этих бумажек в комиссариате не имелось. Никакой санкции за неисполнение приказов комиссариата не было обусловлено ни одним декретом, и потому получавшие их были вольны исполнять или не исполнять их по своему усмотрению.

Если можно относиться более или менее хладнокровно к делам гражданским, затрагивающим чисто имущественные интересы, то каково же было работать при вышеописанных условиях в отделении уголовном, где приходилось иметь дело с вопросами о человеческой жизни, свободе и чести. Я с ужасом поглядывал на помещения уголовного отделения, ярко представляя себе, какие переживания посещают там просителей, имевших несчастье стать в ту или иную зависимость от революционного правосудия. Как на грех все консультанты группировались вокруг гражданского отделения, в уголовных же неограниченно царил некий кандидат на судебную должность, не покинувший своей службы в Министерстве юстиции после переворота. По отзывам лиц, знавших его ранее, это был человек нервнобольной, по моим личным наблюдениям, несомненно, человек нервно-неуравновешенный.

Переходя к описанию личного персонала служащих комиссариата, и главным образом гражданского его отделения, являющегося центральным объектом настоящих записок, должно сказать, что прилив интеллигентных сил в большевистские учреждения еще только начался и ко дню моего поступления период абсолютного, так сказать, первобытного хаоса еще не был изжит. Передавалась еще свежая история о том, как первого заведующего гражданским отделением, какого-то студента политехнического института, привели под конвоем в качестве арестанта в то же гражданское отделение для получения распоряжений о дальнейшем его направлении. Рассказывали, что он слишком усердно заботился о личных своих интересах в каком-то опекунском деле.

Мне показывали служащих хозяйственной части и казначея, которые незадолго перед тем, в день выдачи жалованья, были ограблены по пути из казначейства в комиссариат, причем ехали они будто бы очень тихо по Екатерининской улице и все оглядывались в удивлении, что их никто не догоняет. Потом показался автомобиль, насилу-насилу догнал их у самого подъезда и деньги наконец-то были отняты.

Ко времени моего поступления в гражданском отделении было уже шесть консультантов: присяжный поверенный Муравьев (Петроградского округа), помощник присяжного поверенного Шульман, председатель одного из уездных съездов мировых судей Псковской губернии Беляев, еще один присяжный поверенный (фамилия забылась) из числа служащих не по своей специальности в страховых обществах, городских управах и иных учреждениях и бывающих в судах один раз в год, священник, ходивший в партикулярном костюме с университетским значком, но вместо пальто надевавший поповское длиннополое одеяние, и некий де Бурдо, молодой человек неизвестной профессии, но также с университетским значком.

Отсутствие консультантов в уголовном отделении и обилие их в гражданском объяснялось, по-видимому, тем, что, поступая на службу к большевикам вовсе не для того, чтобы способствовать торжеству большевизма (среди служащих гражданского отделения, в том числе и канцелярии, первоначально не было ни одного коммуниста), а для достижения своих личных целей, люди старались не марать рук личным касательством к революционным расправам.

Из всех перечисленных шести консультантов ценным в смысле знаний и работоспособности являлся Муравьев и отчасти Беляев. Шульман недавно начал практику и еще нетвердо ориентировался в делах. Все остальные были полнейшими невеждами не только в тонкой и юридически сложной работе, какой должна была бы быть деятельность высшего административного учреждения юстиции, но и в повседневном нормальном течении судебных дел низших инстанций.

Священник каким-то образом завоевал себе отдельный кабинет и постоянно удалялся в него с какими-то просителями, своими, особенными, приходившими лично к нему по делам, досье которых, как это впоследствии обнаружилось, хранились у него в письменном столе и на учете текущих дел не состояли. Эти таинственные просители, очевидно, являлись для него главным делом, так как к остальной работе на дежурствах и заседаниях консультантов он относился совершенно апатично и голоса своего не подавал.

Де Бурдо, высокий молодой человек без растительности на лице, с красноватым носом и серыми оловянными глазками, неизменно насвистывал или напевал веселенькие мотивы, рассказывал о своих необычайных успехах у женщин, но не прочь был высказать и деловое свое суждение по тому или иному вопросу. Эти суждения вызывали, смотря по характеру, у одних уныние, у других — неудержимую улыбку. При докладе дела (для него и священника специально выбирались по возможности тонкие дела) его внимание обращалось главным образом на протокол допросов свидетелей, перечисление спорного имущества и т.п. Такие скучные предметы, как договоры, которыми обосновывается иск, или определения различных инстанций суда по делу, его не интересовали совершенно. Иногда он приходил с предложениями заработать деньгу, устроив получение из сейфа какого-то чудовищного золотого слитка или многомиллионных бриллиантов. Он имел какое-то отношение к военной службе, в частности, к броневикам, и общее мнение было, что он так же мало походил на универсанта или на лицо, причастное к иному учебному заведению, как на китайского богдыхана.

Престарелый присяжный поверенный, выбранный старшим исключительно лишь за его почтенный вид, чрезвычайно ревниво охранял свое положение старшего, смотрел строгими глазами поверх очков и говорил важным, решительным басом. Он избегал делать доклады и участвовать в консультациях и бил больше на то, что важнейшая обязанность старшего консультанта — надзор за канцелярией и общее руководство отделением.

Это был несерьезный, комический элемент гражданского отделения, имевший единственной и непосредственной целью питание, соединенное с карьеризмом.

В канцелярию набралось множество тоненьких незаметных человечков, уже начавших плести мелкие чиновничьи хитрости и подвохи, но были и яркие фигуры, загнанные на службу к большевикам революционным безвременьем. Была одна сбившаяся с панталыку дама из хорошей семьи, вымещавшая цинической откровенностью всю тоску ее теперешнего существования. Была барышня, избранная за ее действительную деловитость и знания секретарем канцелярии. Были два-три молодых человека, спокойно и твердо смотревших в глаза при разговоре.

В наследие от демократических вариаций керенщины комиссариату остался комитет служащих, защищавший интересы их. При Штейнберге он играл крупную роль и существование его чувствовалось на каждом шагу. Так, например, один из курьеров, а попросту сторожей, состоявший в комитете в качестве представителя низших служащих, никак не хотел приступить к работе. Словесным убеждениям он не поддавался, а уволить его без согласия комитета нельзя было. Комитет же по каждому такому заявлению затевал долгие и обстоятельные разбирательства. В силу таких обстоятельств в канцелярии гражданского отделения долго болтался какой-то студент, уволенный Красиковым, но не желавший подчиниться, покуда это увольнение не будет санционировано комитетом. Расширяя свои правомочия, комитет домогался передать вопросы о принятии новых служащих на коллегиальное решение собрания всех служащих данного отделения. Вопрос о том, насколько, например, курьеры или канцелярские чиновники компетентны судить о пригодности данного лица на должность консультанта, вызывал серьезные споры.

На общих собраниях служащих всего комиссариата часто раздавались возгласы: "Позвать сюда комиссара!", а иногда даже и "истребовать".

Истребованные начальники отделений или комиссар являлись на собрание и давали соответствующие разъяснения.

Несмотря, однако, на столь высокую авторитетность и общих собраний, и комитета затруднительно указать что-либо конкретное, сделанное, законченное, что можно было бы поставить на счет этой организации служащих.

К концу февраля 1918 года в комиссариате начало назревать беспокойство, очень быстро охватившее всех служащих комиссариата и прогрессивно нараставшее. После окончательного развала фронта немцы продолжали продвигаться по русской территории, и столь быстрым темпом, что предположения о близком занятии ими Петрограда стали приобретать некоторое вероятие. Пошли разговоры об эвакуации, которые в зависимости от новостей дня то поднимались с лихорадочной возбужденностью, то внезапно забывались. Приблизительно к началу марта в одной из комнат нижнего этажа стали составляться списки эвакуирующихся чиновников. Очевидно, в недрах Совета Народных Комиссаров вопрос эвакуации был разрешен.

Это обстоятельство взбудоражило всех служащих, так как официально о предстоящей эвакуации ничего не объявлялось, судьба остающихся в Петрограде, равно как и условия эвакуации для желающих ехать с комиссариатом, были совершенно неизвестны, и даже сам способ выразить желание быть эвакуированным и добиться включения в список — оставался совершенно неясным. Служащие сами про себя, особнячком от других принимали то или иное решение и таинственно хлопотали, держа в секрете предпринимаемые ими шаги.

Громадное большинство желало ехать. К тому было много причин — весь Петроград в то время стремился уехать в провинцию или деревню, ибо первые судороги голода, цепко взявшего Петроград в свои холодные, скользкие лапы, уже сжимали страшными кольцами городское население. Бегство из Петрограда принимало панический характер, и не так-то легко было уехать в качестве отдельного частного пассажира. Возможность прихода немцев различно оценивалась населением, и, наперекор восторженным поклонникам немецкого порядка, считавшим часы до предстоящего вступления их в Петроград, очень многие предпочитали уже лучше быть под большевиками, чем под немецким шутцманом. В конце концов, оставление в Петрограде было равносильно потере службы, ибо о том, что впоследствии в Петрограде образуется комиссариат юстиции северных коммун, ничего еще не было известно.

Между тем дни протекали, настроение повышалось, но никаких официальных заявлений никто из начальствующих лиц не делал. Даже о месте эвакуации не было известно ничего положительного. Называли Москву и Нижний Новгород, упоминали даже о Казани. Работа остановилась окончательно. Служащие собирались аккуратно к началу занятий, боясь пропустить неожиданные сведения, и целый день толкались, занимаясь лишь передачей слухов об эвакуации.

"Что делать? Ехать или оставаться?" — вопрос этот был чрезвычайно тяжел для меня.

Ехать — значит расстаться с насиженным местом, с Петроградом, где я провел 38 лет жизни, где сосредоточились мои лучшие сердечные связи, расстаться с квартирой, библиотекой, с любимыми вещами, приобретенными годами тяжелого адвокатского труда, давно уже переставшими быть неодушевленными предметами и превратившимися в участников моей жизни. Переменить спокойствие и комфорт оседлой жизни на случайности кочевья, которые никогда не бывают радостными. Ринуться навстречу полной неизвестности и для борьбы с ее невзгодами не иметь в распоряжении ровно ничего, кроме самого себя. Подвергать всему предстоящему семилетнего сынишку и нести за судьбу его тяжкую ответственность. Оставаться — значило продавать понемногу вещи для борьбы с голодом, медленно угасать самому, видеть постепенное умирание сына, близких, всего Петрограда и не быть в состоянии помочь кому бы то ни было. Немцы? Но я стоял на стороне тех, кто предпочитал быть с побежденной Россией, чем с победителями.

Несколько дней были мучительны этим неразрешимым вопросом.

Звонок телефона.

"Кто говорит?" "Это я, — слышу знакомый голос небезызвестного литературного работника Н.Д. Н-ва, — что нового?"

Мелькает мысль: пусть скажет все, что думает против отъезда с комиссариатом.

"Еду в Москву!" "С комиссариатом? Эвакуация?.. С ума сошел!" "Почему с ума сошел?" "Через две недели их не будет!" "А что же с ними будет?" "Уберут". "Кто?" "Найдутся люди!" "Нет, Н.Д., не уберут и не найдутся".

"Увидим, прощайте!" "Не увидим, до свидания!"

Так вот в чем коренной вопрос! Будут или не будут? Опираются или не опираются? Поддержаны или нет? Все тот же вопрос! Но он ведь решен, а большего за две недели моего пребывания в комиссариате я не узнал. Из хаоса нельзя извлечь никаких выводов. Цель моя не была достигнута. Оставаясь в Петрограде, я выхожу из круга центрального действия, переносящегося в Москву, и много теряю в возможности осуществить свою задачу.

Эти соображения дали перевес в сторону решения об эвакуации. На следующий день гражданское отделение по моей инициативе составило список желающих ехать, заручилось согласием Красикова, вычеркнувшего несколько фамилий, и за судьбою списка я проследил до тех пор, покуда профессор Рейснер не занес его в общий список едущих. Это еще не дало уверенности в том, что мы уедем, ибо кто-нибудь мог вычеркнуть наши фамилии, и каждый день приходилось в начале и в конце занятий справляться о состоянии общего списка. Отъезд был назначен на 8 марта, а 6-го состоялось общее собрание служащих, на котором обнаружилось, что из громадного количества служащих эвакуируются всего 30-40 человек, что остающиеся получают двухмесячный оклад и считаются уволенными, а эвакуируемые ничего не получают, кроме авансовой выдачи жалованья за месяц вперед.

Эвакуация начинала походить на бегство!

С того момента, как я принял решение ехать, я чувствовал себя сдвинутым с места, уже захваченным в водоворот и положил на первое время отдаться течению, участвуя в собственной судьбе и во всем вокруг меня происходящем лишь в качестве зрителя.

А зрелище было любопытное!

Кончался петроградский период большевизма, период слепоты, прорезывания глаз, первых валких шагов. Колебания, неуверенность в себе, опасливость в отношении к другим исчезли в Москве, когда большевики попрали ногами исконную русскую землю Кремля. Из-за этих вековых каменных стен судьба позволила им одержать двойную победу — и дипломатическую, и внутренно-политическую: позором Брестского мира они обеспечили себе господство над русской землей и русскими людьми, купили возможность беспрепятственно взять в руки жизнь и имущество стовосьмидесятимиллионного народа и необъятной страны.

Теперь, когда я пишу эти записки, мне вспоминаются две беседы, которые я вел перед поступлением на службу с Красиковым и Шпицбергом*).

Первого я просил рассказать мне, каким образом могло произойти возмутительное убийство Шингарева и Кокошкина. Он объяснил это матросской разнузданностью и тем, что даже в Петропавловке убитые оставались на положении "personae gratae", к которым стекались почитатели со всевозможными приношениями. Это раздражало охранявших их матросов, сидевших в свое время в тюрьме при совсем иных условиях. Об этом будто бы неоднократно предупреждали убитые. Он прибавил, что во всяком случае убийц ожидает суровое наказание.

Рассказ об общем положении дел он закончил фразой:

— Идем к социализму, Н.В.! Становитесь на сторону народа!

Шпицберг был того мнения, что большевизм особых перемен не внесет. Конфискуют часть имущества у крупных капиталистов. "Мы с вами не заинтересованы отстаивать их выгоды, — говорил он, — прижмут попов, и давно пора, довольно засорять мозги. Бог — это ..!"

"Личный враг Бога!" — припомнилось мне, и это амплуа Шпицберг поддерживал насколько мог. На одном из диспутов о религии и Боге он даже изобрел новый термин "пузизм", который, очевидно, аналогично "папизму" должен был изображать идеологию русского

---

*)Присяжный поверенный И.А.Шпицберг занимал в 19-ом году и, по всей вероятности, и теперь занимает видное место в отделе "Отделения церкви от государства".

священника, исчерпываемую, по его мнению, интересами собственного пуза.

II

В 12 часов дня 8 марта мы собрались где-то на путях Николаевской железной дороги в версте от вокзала. Около 9 часов вечера были указаны вагоны и места в них. День был холодный, к вечеру мороз крепчал. Приятно было войти в теплый чистый вагон второго класса. Я ехал с сыном и прислугой и получил в купе две длинные скамьи. Уложив сына, я пошел в соседний вагон поболтать с сослуживцами и засиделся. Возвратившись к себе, я собирался уже раздеваться, как внимание мое привлек громкий разговор в коридоре. Голоса все повышались, и наконец до слуха моего долетел крик:

— Если вы сейчас же не освободите вагона, то будем стрелять!

Я вышел в коридор.

Ехавший в соседнем купе Шрейдер препирался с каким-то воинственным человеком, доказывая, что этот вагон назначен для комиссариата юстиции, а тот утверждал, что для комиссариата продовольствия. Призыв к революционной дисциплине оказал свое действие, и спорившие пошли выяснять недоразумение к начальнику станции. Мы с беспокойством ожидали своей участи. Часа через два дверь в коридор с шумом открылась и в вагон ворвалась ватага людей:

— Урра! Прррродовольствие победило!

С трудом разбудил я разогревшегося, заспавшегося сынишку и, плачущего, вывел на мороз.

"Хорошее начало! Что же будет дальше? Долго ли мы будем стоять и мерзнуть? Черт бы побрал такую эвакуацию!" — думалось мне, и мысль об оставленной квартире, о мягких уютных постелях тоскливо заползала в душу.

Через полчаса мы начали мерзнуть, и я направился на огонек, видневшийся из окна какой-то сторожки. Она оказалась малонаселенной, мы вошли, и по нашему примеру все высаженные из вагона собрались в ней. От раскаленной докрасна печурки стояла тропическая жара, и несмотря на глубоко ночное время все прибывали и прибывали новые люди в солдатских шинелях.

Я дрожал от злости и, разыскав глазами Шрейдера, подошел к нему:

"Скажите, пожалуйста, кому я должен выразить свое возмущение по поводу безобразной эвакуации?" "Во всякому случае не тому, кто ею не распоряжался". "Да? Но тому, кто обязан был ею распоряжаться, я выражаю свое глубочайшее негодование!"

С этого момента мои со Шрейдером отношения стали немного натянутыми.

После двухчасового ожидания сообщили, что сам Штейнберг на паровозе и ведет для нас вагон. Штейнбергом я не интересовался, а вагон действительно вскоре подали. Но Боже! Что это был за вагон! Двери в уборные не закрывались, и из них текла по коридору омерзительная вонючая жидкость. Ни одного целого окна во всем вагоне. Со всех сидений срезано сукно, и между прыгающими пружинами торчит грязная набивка.

В 8 часов утра мы тронулись в путь.

В этом вагоне мы провели две ночи и полтора дня.

В Москве для нужд комиссариата была отведена часть гостиницы "Славянский базар". Эта гостиница мне казалась олицетворением Москвы. Я прожил в ней два с половиной месяца и так и не усвоил себе схемы ее крутых этажей и круговых коридоров, так же как, несмотря на давнее знакомство с Москвой, до сих пор не ориентируюсь в ее кольцеобразных улицах с перерезывающими их лучами. Как и во всей Москве, в ней сытно ели и грязно жили. Были номера со старыми насиженными гнездами клопов.

Разгрузка протекла так же неорганизованно, как и вся эвакуация. С вокзала устроили бега взапуски с призами в виде лучших номеров. Когда я приехал, таковые были уже разобраны и несколько старших служащих получили самые скверные комнаты. Об условиях жизни и порядках гостиницы никто ничего не знал. Все ходили друг к другу спрашивать о разных мелочах. Имущество комиссариата свалили в прихожей, загромоздив проход, и никто о нем не заботился. Меня раздражала эта бестолковщина, и я указал Красикову на необходимость внести какой-нибудь порядок.

— Ну что же, объявитесь комендантом и распоряжайтесь!

— Как же я могу объявиться? Вы уполномочиваете меня?

— Да.

Порядок удалось водворить лишь при посредстве энергичных и настоятельных распоряжений.

На следующий день нашего приезда был праздник, и в гостинице ничего нельзя было получить. Я распорядился, чтобы к 10 часам утра повар приготовил по два холодных блюда на каждого человека, раздавать которые должны были наши дамы. Упоминаю это потому, что это распоряжение обошлось мне очень дорого. Несмотря на то, что я поступил так с разрешения комиссара, счет на забранные продукты не был оплачен. Я мучительно краснел каждый раз, когда мне его предъявляли, просил оплатить его хотя бы за мой счет, удержав стоимость частями из моего жалования, писал официальные бумаги о необходимости оплаты и расстался с комиссариатом, не добившись его погашения.

Вид Москвы ободрил голодных петербуржцев. Начиная от самого вокзала видны были лари и магазины, заваленные хлебом, колбасою, сырами. Охотный ряд ломился от всякой снеди, давно уже не виданной в Петрограде. Город кипел жизнью, и не было на нем печати Азраила, легшей на Петроград.

Первые две-три недели прошли главным образом в хозяйственных хлопотах. Кучка лиц, сгруппировавшихся в гражданском отделении, организовала столовую и кооператив комиссариата, временно открывшего присутствие в различных номерах гостиницы.

В течение этого времени возникла борьба за влияние между группой гражданского отделения и группой профессора Рейснера. На собраниях, заседаниях неизменно происходили стычки между приверженцами той или другой партии. В конце концов после двухмесячных сражений мы были побеждены. Рейснер вместе со своей группой окрестился в коммунизм и этим козырем выиграл игру — среди нас не было ни одного коммуниста и не предполагалось в будущем.

За эти же две недели произошел раскол между большевиками и левыми эсерами, и ко времени переезда служебных апартаментов комиссариата в новое помещение комиссаром юстиции был назначен присяжный поверенный Стучка, до приезда же его из Петрограда его обязанности исполнял Красиков.

Зайдя однажды по просьбе Красикова в его номер, я застал такую сцену: в первой маленькой комнате, отведенной под приемную, метался, пыхтя папиросой, из угла в угол высокий Красиков, отрывисто бросавший фразы и, очевидно, не знавший, как отделаться от назойливой посетительницы. Это была холеная еврейка, поминутно вытиравшая носовым платком глаза и хнычущим голосом тянувшая жалобы на то, что во время обыска у брата ее отняли лежавшие в комоде тридцать тысяч рублей! Бедность ее костюма, не соответствующая ее белым рукам и полному красивому лицу, казалась нарочной.

— Они заявили, что он спекулянт. Какой же он спекулянт, когда эти тридцать тысяч наши семейные. Они всем принадлежат, а не ему одному. Прикажите возвратить их. Вон, посмотрите, в каких уже я ботинках хожу!

Каблуки на ботинках действительно были кривые.

— Ну, это еще не беда. Вон, посмотрите, я сам в таких же хожу! — и Красиков, повернувшись к просительнице задом, загнул вверх ногу, на которой красовался сапог с весьма стоптанным каблуком.

— А другой мой брат, как узнал, что отобрали деньги, так он уже повесился! Что же ему было делать?

— Из-за денег повесился? Не стоило! Зря он повесился!

— Так сделайте распоряжение!

— Ничего не могу, идите в чрезвычайную комиссию, она отбирала, пусть она и отдает.

"Оригинальная аудиенция у министра юстиции", — подумалось мне.

Всхлипнув еще несколько раз, еврейка вышла, непривычно ковыляя на кривых каблуках.

— В чем дело, П.А.?

— Примите, пожалуйста, дела от Шрейдера, да смотрите, чтобы он чего-нибудь не упер!

— Да ведь он и принимал их, вероятно, не по описи, так же как же проверить?

— Ну так, как хотите. Смотрите только, чтобы все сдал.

Я недосчитался одной печати комиссариата юстиции, но не знаю, на чей счет поставить эту нехватку. Пропажа ее долго волновала Красикова.

Оставляя центральный комиссариат юстиции, Шрейдер надеялся продолжать службу в московском комиссариате юстиции и довольно невнятно говорил что-то о нарождающейся автономной Московии. Я думаю, он просто хотел позлить большевиков в последний раз.

Комиссариат перебрался в помещение, только что отделанное для какого-то банка. Приехал из Петрограда

Стучка, и служебные занятия потребовали уже серьезного к себе отношения. Вокруг комиссара образовалось нечто вроде совета из лиц, которые вскоре при насаждении коллегиального приципа управления образовали коллегию комиссариата юстиции. Это были приехавшие из Петрограда присяжные поверенные Красиков и Козловский (защищавший большевиков по делу о выселении их из дома Кшесинской), московский присяжный поверенный Курский, некий Черлюнчукевич, появлявшийся в комиссариате как-то периодически, и впоследствии Чегодаев, как говорили, также московский присяжный поверенный.

Стучку я знал и раньше по петроградскому суду. Это довольно высокий человек с длинно остриженными непокорными белокурыми волосами, черты его продолговатого неподвижного лица не тонки и не благородны. Небольшие голубые глаза смотрят холодно и упрямо. Говорит с сильным акцентом. Будучи сам из Прибалтики, он вел главным образом дела, переносимые в Петроградскую палату из прибалтийских судов, и, по отзывам, недурно разбирался в тех изъятиях из общего права и судопроизводства, на которых основана деятельность судов Прибалтики. Во всей его внешности проглядывало что-то ограниченное, упорное и тяжелое.

Вступление свое в отправление обязанностей комиссара он ознаменовал приветственной речью, совершенно бессодержательной. Слушая его кургузые, акцентированные фразы, смотря на однообразную жестикуляцию его правой руки, мне думалось: "Да! Этот пороха не выдумает! Но зато и разубедить его в чем-нибудь невозможно. С трудом проникающиеся какой-нибудь идеей с еще большим трудом расстаются с нею. Хорош министр юстиции! Ведь это же эстонский мужик, брат, родной брат по крови и уму, по духу тем боннам-эстонкам, которых мы приставляем к детям главным образом за их физическую чистоту и умственную непосредственность!"

Я неоднократно находил подтверждения правильности этой оценки при рассмотрении трех декретов о суде, последовавших один за другим на расстоянии одного года, из которых каждый ломал существовавшее до него судоустройство. При выработке их его голос как министра юстиции, несомненно, должен был главенствовать, и если они оказались глубоко бездарными со всех точек зрения, даже с революционно-большевистской, то в этом он главным образом и виноват. Их качественная оценка лучше всего определяется тем обстоятельством, что ни один из них не исполнялся до конца. Как ни нелепо шла судебная жизнь в советской России — даже и она не могла вместить в себя мертворожденные формы революционного правосудия и выбрасывала их из недр своих как не имеющий удельного веса элемент.

С появлением Стучки комиссариат был реформирован. Он состоял теперь из пяти отделов: регистратуры, секретариата, вместившего в себя отделения гражданское и уголовное, административного, ведавшего судоустройством и личным составом, хозяйственного и законодательного. В составе последнего значилось громко звучавшее кодификационное отделение, все состоявшее из одного плохонького молодого человека. Вскоре вырос еще один новый отдел "Отделения церкви от государства".

Отделениями секретариата и регистратуры заведовал Красиков, хозяйственным, помнится, Черлюнчукевич, в законодательном первую скрипку играл профессор Рейснер, административный только еще начинал создаваться под руководством Курского.

Из числа консультантов петроградского гражданского отделения в Москву эвакуировалось трое — Беляев, Шульман и я. Муравьев не пожелал ехать, остальных не взяли. При новом распределении должностей я стал заведовать гражданским отделением, Беляев — уголовным, Шульман остался консультантом. Упоминавшийся выше кандидат из уголовного отделения немедленно по приезде в Москву запьянствовал и после громкого скандала в гостинице был уволен.

Работы сразу оказалось по горло. Из Петрограда нами было взято самое ограниченное количество текущих дел, и в силу такого раздвоения канцелярии масса просителей справлялась о том, где находятся их дела и в каком положении. Поступали самые разнообразные прошения, некоторые из них содержали в себе вопросы чисто юридического характера.

Особенно частыми посетителями были одно время два лица — управляющий чьим-то громадным лесным имением и его поверенный, солидный пожилой человек из крупных дельцов. Дело было в том, что они не успели закончить совершения купчей на это имение на имя какого-то иностранца. Сделка была явно фиктивной. В то время многие прибегали к этому способу, рассчитывая таким образом сохранить свои недвижимости от национализации. Декрет о национализации вступил в силу 14 декабря 1917 года, и с этого момента все направляемые младшими нотариусами проекты купчих крепостей оставались без утверждения. Положение осложнялось тем, что по земле имения была проведена ветка железной дороги, составлявшая личную собственность владельца имения. Просители, защищая свои интересы, стояли на том, что имение уже продано и принадлежит иностранцу, так как купчая у младшего нотариуса совершена. Это было совершенно неверно с точки зрения еще не отмененных большевиками законов, и я посоветовал бросить этот пункт без дальнейшей борьбы и спасать то, что по содержанию опубликованных декретов еще можно спасти, то есть имущество подъездной ветки, представлявшее само по себе миллионную ценность. Я обещал дать заключение о праве владельца имения или получить компенсацию от казны за подъездную ветку, или распорядиться по своему усмотрению железнодорожным имуществом. Это заключение я передал через Красикова в коллегию комиссариата, где оно, кажется, и погибло совершенно безрезультатно. Удивило меня отношение Красикова к этому случаю. Когда я излагал ему сущность моего заключения и ждал от него или подтверждения, или возражений по существу юридического вопроса, я услыхал такой совет:

"Взяли бы вы, Н.В., да и тиснули статью, на какие, мол, штучки пускаются буржуи для сохранения своего имущества!"

Появлялись дела, ценные как материал для наблюдения и как основа для выводов. Была подана кем-то жалоба на неправильные действия железнодорожного начальства какой-то станции, и по расследованию дела оказалось, что уездный исполком на том основании, что пути дороги пролегали по территории уезда, считал себя вправе устанавливать свои железнодорожные порядки в пределах уездного района и вообще чувствовал себя неограниченным властителем над пассажирами, грузом и железнодорожными служащими. Это было одно из многочисленных сумбурных истолкований популярного большевистского лозунга "власть на местах", глубоко въевшегося в сознание местных большевистских властей, внесшего необычайный, изумительный по своей разнообразной нелепости разброд в управление Россией, упорно не поддававшегося впоследствии самым энергичным мерам по проведению принципа централизации власти.

Мало-помалу картина происходящего разъяснялась. Во-первых, в самом комиссариате никакого порядка не существовало. Порой невозможно было добиться, куда поступила та или другая бумага. По содержанию она должна была бы находиться в гражданском отделении, а оказывалась в уголовном или административном. Весь комиссариат плыл по течению, занимаясь теми делами, которые попадали в него волею случая, и не обращая никакого внимания на то, что творилось вокруг него, если оно не задевало его каким-нибудь прошением, жалобой и т.п. Ни одно из большевистских учреждений не понимало в точности существа своих функций и не желало знать пределов своей власти, считая себя наиболее важным и самодовлеющим.

Государственная власть не слепляла жизненные формы в одно компактное целое. Процесс гниения русской государственности продолжался и при большевиках с прежней силой, подчиняя себе учреждения и людей. Многие из них производили впечатление совершенно ошалелых, свалившихся с луны. В таком состоянии, например, был Красиков с момента приезда в Москву. То он врывался в канцелярию и пугал служащих криком, очевидно, желая поднять этим свой престиж, то добродушно расспрашивал: "Ну-ка, расскажите, как это вас в Петрограде ограбили. Говорят, автомобиля-то долго ждать пришлось?"

Я высказал ему свои соображения о необходимости выработать инструкцию каждому отделу комиссариата, конституцию комиссариата в его целом, равно как и конституцию для соседних учреждений, дабы внести элементарный порядок в их деятельность.

Красиков ухватился за эту мысль, горячо одобрил этот проект и просил набросать инструкцию гражданскому отделению. Когда же я после большого труда ее изготовил, то Красиков положил ее к себе в карман и проносил так месяца полтора, впоследствии перешел заведовать отделом "Отделение церкви от государства", и на том дело и кончилось.

Потеряв надежду получить какие-нибудь результаты от моих обращений к нему по волновавшим меня вопросам, я стал иногда беседовать с Козловским. Одним из таких вопросов было возникновение в Москве целого ряда самых неожиданных судебных инстанций, не только выносивших решения и приговоры, но и немедленно приводивших их в исполнение "своими средствами". Комиссариат труда безапелляционно разрешал столкновения между рабочими и работодателями, присуждая последних к уплате невероятных сумм, разоряя их вконец и этим убивая самое дело. Какие-то продовольственные суды, возникшие без малейшей о том осведомленности комиссариата юстиции, закатывали виновных в злоупотреблениях продовольственными карточками в тюрьму на сроки в 5 и выше лет. Чрезвычайная следственная комиссия не только производила следствие, но и постановляла приговоры и приводила их в исполнение неизвестно по какому праву.

Я убеждал Козловского, что комиссариат юстиции обязан принять меры против творящихся безобразий, при этом я выразил недоумение, как можно давать такую власть политически неграмотным людям.

Маленький, толстенький, чистенький, с взъерошенными, как у ежа волосами, Козловский, по-польски вежливый и воспитанный, с убеждениями моими согласился, а на недоумение возразил:

— Что ж тут не понимать? Ведь вы же знаете, кто служит в чрезвычайной комиссии? Вы пойдете туда служить?

— Я? Нет, не пойду.

— Ну и я не пойду. Этим все и объясняется.*)

Читая ныне рассказы Дзержинского о кристально чистых душах сотрудников ЧК, я думаю, что он, бедняга, одинок в этом своем мнении даже больше, чем предполагает.

Без преемственности, без опытных служащих, заваленные по горло работой, удесятерявшейся от неумения взяться за нее, приступить к ней, безрезультатно копошились советские учреждения. Для честолюбцев открывалось широкое поле деятельности — они могли с утра до вечера фигурировать во всевозможных заседаниях разнообразных комиссий в качестве представителей того или

---

*)Нужно принять во внимание, что этот разговор происходил в то время, когда большевизм еще не вступил в кровавый период своего существования. В то время не существовало еще новой меры государственного управления — красного террора, проведение коего в жизнь было возложено на чрезвычайные комиссии. Если бы затронутый мною вопрос был в то время надлежащим образом поддержан, возможно, что чрезвычайные комиссии еще можно было бы ввести в оглобли. Аналогичные попытки Крыленко, впоследствии ставившего этот вопрос на обсуждение ВЦИК, потерпели фиаско, по моему мнению, именно в силу своей запоздалости.

другого комиссариата. Никакой сверхурочной платы за это не полагалось, никаких иных доходов это не давало, но тем не менее находилось немало невинных людей, которые из-за одного только лишь удовольствия заявить во всеуслышание: "Представитель такого-то комиссариата" или "От имени комиссариата такого-то довожу до сведения" — согласны были проводить бесконечное количество часов в бессистемных и бестолковых словопрениях. Очень часто уже второй или третий оратор заводил простой и ясный вопрос в такие кусты, из которых выбраться было немыслимо, ибо чем дальше шли в лес, тем более и более неразрешимые вопросы громоздились в безобразную кучу.

Некоторые из людей, выдвинутых переворотом из совершенного ничтожества на степень государственных работников, чрезвычайно ревниво относились к этому своему положению и изо всех сил старались исполнять возложенные на них обязанности, стремились обдумать и обсосать каждое дело так, чтобы, как говорится, комар носа не подточил, но в силу полного отсутствия навыка к работе безнадежно погрязали в мелочах и теряли возможность добраться до правильного разрешения коренного вопроса.

Это — одна из причин того поистине фантастического бюрократизма, который столь характерен для большевиков.

В комиссариат юстиции приходило ежедневно несколько повесток с просьбой прислать представителей комиссариата в ту или другую комиссию на то или другое заседание. Против моего желания я был назначен в две комиссии. Одна — по проведению в жизнь Брестского договора. В этой комиссии я присутствовал на одном заседании, происходившем у Карахана.

Предстояло соприкоснуться с позорным договором, увенчавшим "похабный мир".

Я долго берег этот исторический документ, который в то время внимательно читал, стараясь уловить если не в мысли, то хотя бы в редакции статей всякую возможность урезать предусмотренные договором права немцев. Победители широко воспользовались правом кулака и не только выговорили у большевиков материальные выгоды, но обусловили себе также привилегированное сравнительно со всем русским народом положение перед советской властью.

Я готовился к серьезным занятиям в комиссии и не без волнения входил в прекрасные помещения комиссариата иностранных дел. Собрание должно было происходить в кабинете Карахана. Приняв во внимание всероссийскую важность того или иного разрешения вопросов, связанных с проведением в жизнь Брестского договора, я рассчитывал встретить на собрании комиссии лучшие умы и лучших людей большевистских учреждений. С удивлением увидел я пять-шесть человек обычной серой внешности, которая, как я в этом успел убедиться, не таит под собою никаких сюрпризов. Эти представители ведомств не были высшего достоинства, чем обычно присутствующие на собраниях, заседаниях и прочем рядовые большевистские служащие, часто не обладавшие даже способностью отчетливо выражать свои мысли. На этом сером фоне выделяется картинным и интеллигентным лицом и барскими повадками красавец Карахан. Его внешность, манеры и приличное убранство затянутого ковром кабинета, видимо, смущали некоторых присутствующих. Представления о том, в какой, собственно, плоскости должна протекать работа и в чем, собственно, она должна выражаться, — не было ни у кого. Зная, что у комиссариата иностранных дел имеется свое юрисконсультское отделение, имеющее разъяснять вопросы международно-договорные, я считал, что наша комиссия должна была бы представлять собой собрание специалистов: по финансовым вопросам, железнодорожным и т.д., существовать на все время действия договора и работать в том или ином контакте с юрисконсультским отделением. Готовясь к заседанию, я хотел предложить мой план, но думал, что у Карахана готов свой проект об организации комиссии. Не знаю, правильно ли было мое предположение, но ни Карахан, ни я ничего не предлагали. Я не предлагал своего проекта потому, что вообще не мог серьезно отнестись к комиссии такого состава, собиравшейся решать вопросы русско-германских взаимоотношений, и решил лучше потом переговорить с Караханом. Мы говорили о пустяках, не разрешили ни одного, даже организационного, вопроса и на том разошлись. Я больше ничего не слыхал об этой комиссии. Может быть, она умерла сама собою вследствие вскоре последовавшей германской революции, унесшей в прошлое и самый договор, и немцев, его подписавших.

Второй раз я был на заседании комиссии, решавшей судьбы какого-то колоссального капитала железнодорожных служащих, кажется, эмеритального; первыми же вопросами, обращенными к председателю собрания, мне удалось выяснить, что капиталом уже распорядились, а заседания нужны были лишь для соблюдения конвенансов и обречены были провозгласить резолюцию, определяющую то назначение капитала, на которое он уже был употреблен. Я заявил протест против такого образа действий, а в комиссариате отказался от дальнейших "представительств", придравшись к тому, что мне отказали выдать сто рублей, заплаченных мною извозчику, ввиду позднего возвращения из заседания.

Мне становилось очень не по себе. Я уже начинал понимать не только большевиков, но кое-что другое, обусловившее их появление. Ясно было, что с ними мне не по дороге, и я ждал лишь наступления благоприятного момента в течении своих личных дел для того, чтобы покинуть комиссариат. До некоторой степени меня примиряла с ним фигура теперешнего наркомюста Димитрия Ивановича Курского. Мне нравилась его уверенность в том, что большевики делают большое и хорошее дело. Он хотел ввести собеседования между старшими служащими комиссариата для ознакомления их с общим течением дела и, очевидно, для придания им служебной и идейной спайки. Одно такое собрание состоялось, и на нем Курский говорил о принятии большевизма Сибирью (доколчаковский период), о том, что большевизм собирает Россию, готовую развалиться по кускам, о преимуществах народовластия и т.п., но важным было не ч т о он говорил, а к а к он говорил. Его некрасивое, но приятное, "купецкой" складки лицо воодушевлялось неподдельно, от всей его невысокой крепкой фигуры, мягкого голоса, от просвечивавшего нежелания увлечься больше чем следует — создавалось впечатление о нем как о человеке искренне верующем, увлеченном желанием общего блага, далеком от своекорыстных партийных или личных расчетов. В нем отсутствовало стремление агитировать, сыграть на дурной струне карьеризма, вовлечь в соучастие, вообще каким-нибудь способом заставить человека сделать то, чего ему не хочется делать, — черта, от которой пахло подпольем, бесами, общая многим большевистским деятелям и в особенности сильная у Красикова. Курский мог увлечь и убедить. Те же, кто оставался при своем мнении, не могли его обвинить во лжи и демагогии, но только сожалеть об искренних заблуждениях прямого, хорошего человека. Таков был Курский в начале его работы в комиссариате. Через два месяца его трудно было узнать. Похудевший, изнервничавшийся, он превратился из общительного, отзывчивого человека в раздражительного, замкнутого и, пожалуй, даже высокомерного. Работа высших ответственных деятелей большевизма размалывает, уничтожает людей. Они будто линяют и утрачивают индивидуальные выпуклости своего внутреннего человека. Принятие большевизма меняет людей совершенно, как в этом я неоднократно с горечью убеждался, и я не знаю, что из себя представляет Курский в данный момент, но это тот большевик из числа сослуживцев по комиссариату, о первых выступлениях которого мне и теперь тепло вспоминается.

Переход Красикова в отдел "Отделения церкви от государства"*) и пополнение коллегии комиссариата новым членом Чегодаевым произошло приблизительно в одно время с принятием мною решения оставить комиссариат. Тем не менее, я радовался уходу Красикова, так как чувствовал невозможность продолжать с ним работу. К Чегодаеву я относился безразлично, так как приближался час моего ухода из комиссариата.

За время моего в нем пребывания я понял, что никакой серьезной силы большевики собой не представляют, что никакими организаторскими талантами в массе своей не обладают (об отдельных лицах как об исключениях не говорится), что завоевание ими государственной власти объясняется общим параличом, что они не могли не взять верха, ибо в то время, когда они верили в свой коммунизм и добивались власти — никто, кроме них, ни во что не верил и ничего не добивался. Что этот паралич есть не что иное, как распадение русской государственности — процесс, зародившийся издалека, вступивший в интенсивный период свой с 1905 года, вылившийся в феврале 1917 года вовсе не в революцию, а в другое явление государственной жизни народов, которому еще не подобрано название.

По внешности оно сходно с революцией. Весь революционный шаблон соблюден. Так же умирает старое, но без внешнего потрясения, просто не находя в себе сил для дальнейшего существования. Никто не строит баррикад, не умирает, жертвуя собою за лучшее будущее других, и нельзя сказать, почему это происходит, просто ли потому, что, как это выяснилось впоследствии, этого не

*)В 1919 году Красиков совмещал это заведование с председательствованием в московском Революционном Трибунале.

нужно было, или потому, что не нашлось бы на это охотников, если бы оказалось необходимым. Так же мелькают слова и жесты, красота которых построена на отрицании дурного прошлого. Так же выдвигаются на общественную арену новые лица и группы лиц, но не становятся героями. Имена их не связываются в народном представлении с красотой совершенного подвига. Бесславно они сходят со сцены, и лучшее, что ожидает их, — это забвение.

Здесь нет столкновения двух сил, как в революции, здесь сходятся друг против друг два бессилия, бледными лицами смотрят одно на другое, и погибает то, которое раньше и больше испугается.

Это бессилие государственного существования открывает перспективы безотрадные или заволакивает будущее пеленою ужасных предчувствий.

Это явление случилось в России 27 февраля 1917 года.

Первый крик новорожденной революции: "Долой!"

И отсутствие схем и ясных представлений будущего не страшно, когда слышится биение народного пульса, когда ощущается творчество народных масс, руководящее толпами, подчиняющее себе отдельных людей, с лихвою восполняющее разрушения революционной борьбы.

Без порыва, без риска и безумия храбрых совершалась революция 27 февраля, и соответственно этому безмолвию души — безмолствовали уста. Не раздалось песни освобождения стовосьмидесятимиллионного народа. Французская марсельеза стала русским проклятием, ибо с точки зрения национального чувства от нее один шаг до Интернационала.

Пусть умерло самодержавие — на место его ничего не родилось, ибо страна ничем не беременела. В ней было разложение и пустота.

И как всякое разложение родит собственных могильщиков, так и это родило большевиков-червей, поедающих труп русской государственности.

Кончая свои воспоминания о комиссариате юстиции, я не могу не упомянуть о судьбе комитета служащих. В ближайший после эвакуации период он фактически не существовал, так как из числа членов комитета мало кто был эвакуирован. Мало-помалу необходимость иметь какую-либо организацию, на которую можно было бы опереться в противовес полному самовластию коллегии комиссариата, становилась все более очевидной.

Прием на службу, увольнение производились коллегией совершенно самостоятельно, и часто несогласно с мнением большинства служащих (каким-то образом оказались прибывшими в Москву многие из не подлежавших эвакуации, и старые сослуживцы считали их первыми кандидатами на вакантные должности). Безапелляционно диктовались правила внутреннего служебного распорядка. Каждый служащий становился при таком ходе дела в полную зависимость от усмотрения коллегии, а так как коллегия рассматривала вопросы, касающиеся того или другого служащего на основании доклада члена коллегии, заведующего отделом, то получалась уже личная зависимость служащих от заведующего отделом. Такое положение действовало деморализующе. Уже появились доморощенные Розенкранцы, уже кое-кто с успехом для личного устройства дел пускал в ход подхалимство.

По инициативе отдела секретариата было созвано собрание всех служащих для решения вопроса о возобновлении деятельности союза служащих и для выборов комитета. Вопрос был разрешен положительно, комитет избран, но с первой же минуты в деятельность союза был внесен раскол. На это собрание явился лишь один представитель законодательного отдела, помнится даже, заявивший, что он присутствует на собрании не как участник его, а лишь для информирования законодательного отдела о происходящем. Впоследствии этот отдел уведомил, что он избрал свой комитет отделенский. Одним словом, вокруг вопроса о союзе продолжалась борьба, затеянная рейснеровской группой против группы гражданского отделения. Коллегия комиссариата сперва приглядывалась к возродившемуся союзу, а затем, очевидно, учтя происшедший раскол, декларировала свое отношение к нему, точно определив те рамки действия его, в пределах которых она согласна была с ним считаться.

Этой декларацией союзу отводилось узкое поле деятельности и сам союз ставился в подчиненное, чуть ли не служебное отношение к коллегии. Как было бороться? Ни один из способов внутренней, так сказать, борьбы не мог пригодиться для учреждений, однажды уже переживших саботаж, в результате которого они совершенно были лишены рабочей силы. Борьба внешняя могла протекать только в плоскости создания вневедомственного универсального союза служащих. Попытка к этому была сделана помимо нас, но на заседаниях этого нарождающегося союза шла борьба коммунистов со всеми остальными партийными и беспартийными, и происходило нечто до такой степени несуразное, что наш делегат не мог даже представить нам толкового отчета о происходившем. По этим ли соображениям или по каким другим — я подозреваю, что большую роль сыграло то обстоятельство, что с проведением декрета о восьмичасовом рабочем дней торговля, не совсем еще в то время убитая в Москве, прекращалась через час или полтора по окончании занятий в комиссариате, в силу чего служащие спешили скорее разойтись и не оставались на происходившие после занятий собрания, — но факт тот, что эти собрания пустовали и союз служащих, при Штейнберге всерьез обсуждавший необходимость распространить свои полномочия до наблюдения за общим функционированием комиссариата, то есть до контроля над деятельностью комиссаров, — теперь влачил незаметное, жалкое существование.

На фоне этого разложения общественного начала среди служащих комиссариата только и могла появиться такая фигура, как Чегодаев.

После ухода Красикова заведовать отделом секретариата стал Чегодаев. Он вообще готов был заведовать всем, чем только позволяли ему заведовать. С первых же дней своего поступления в комиссариат он стал подтягивать служащих, сторожей; завел кондуитные журналы, где каждый вовремя явившийся на службу и вовремя ушедший с нее обязан был расписываться; опоздавшим делались нагоняи в грубой форме. Старшим служащим для проникновения к нему в кабинет были розданы "желтые билеты", на одном из которых значилось: "Прошу принять", на другом: "Прошу принять экстренно". На стене у него висело графическое изображение часов его работы в различных учреждениях, причем выходило так, что он работает 18 часов в сутки. Каждое утро ему делались доклады, а он давал распоряжения, которые докладчик отмечал в особой записной книжке. На следующий день он собственноручно вычеркивал исполненные распоряжения. Часто бывало, что эти распоряжения не исполнялись по неделям, потому что оставленные им на просмотр дела спокойно пролеживали у него на конторке.

Общим отношением к нему всех служащих, без различия ранга, была острая ненависть, между тем как по внешнему виду он должен был бы производить даже располагающее к себе впечатление — высокого роста, молодой, с правильными чертами лица, темно-бронзовыми волосами и карими глазами, он был даже красив. Он принадлежал к сорту людей типа Веры Ростовой ("Война и мир"), которая всегда говорила то, с чем нельзя было не согласиться, но от слов которой всем делалось неловко и не по себе. Таков был и Чегодаев — некоторые распоряжения его были разумны и резонны, но производились они в такой форме, что неизменно вызывали общее озлобление и желание протестовать. Его называли "октябрьским коммунистом" (то есть новейшим, перекрещенным), говорили, что он уже однажды сидел в больнице для душевнобольных. Члены коллегии, по моим наблюдениям, относились к нему с осторожностью. Вернее всего, что это был человек, решивший сделать карьеру на коммунизме.

Мало-помалу он добирался до старших служащих и начинал подтягивать их. Я ждал своей очереди и решил использовать нашу неизбежную стычку для того, чтобы не бесполезно уйти из комиссариата, и начал с того, что отказался получить "желтый билет", заявив, что постараюсь вовсе не беспокоить его в неурочное время.

Обстоятельства, побуждавшие меня скорее расстаться с комиссариатом, нарастали. Одним из таких явилось опубликование декрета о наследовании. В декрете указывалось, что ближайшие родственники могут получить некоторую часть имущества умерших путем обращения к комиссариату социального обеспечения. Как и все декреты вообще, так и этот не был детализирован. На основании знакомства моего с общим ведением дел большевиками я теперь убежден, что в момент опубликования декрета комиссариату социального обеспечения и во сне не снилось, что на него налагается новая и чрезвычайно щепетильная обязанность — возиться с разочарованными наследниками. Что же говорить о таких мелочах, как об отсутствии в декрете указаний порядка, в котором должно протекать принятие прошений, рассмотрение их и постановление по ним определений, а также отсутствие точного наименования тех учреждений социального обеспечения, которые обязаны заниматься этой работой.

Вся Москва была разделена на районы соответственно прежним "частям", и каждый район возглавлялся исполкомом, долженствовавшим в миниатюре воспроизводить всероссийский центральный исполком. Поэтому при каждом районном исполкоме должен был существовать отдел социального обеспечения.

Так как в декрете было сказано, что имущество умерших охраняется судебным приставом, но поступает в распоряжение и на ответственность исполкома, то естественно было думать, что прошение о выдаче наследственной доли имущества должно адресоваться в районные отделы социального обеспечения. Такого рода указания я давал просителям по наследственным вопросам.

В один прекрасный день ко мне явилась дама, которой накануне я дал вышеприведенный совет и рассказала, что не только никакого отдела социального обеспечения в районе не имеется, но что с нею и говорить-то даже не хотели на том основании, что теперь все наследственные права уничтожены.

Я посоветовал просительнице довести этот случай до сведения комиссариата социального обеспечения, но в душе был уверен, что в лучшем случае она получит предложение обождать, покуда при районном исполкоме образуется соответственный отдел.

Этот эпизод был последней каплей, переполнившей мое терпение. Я решительно не хотел валять дурака, разъясняя неразъяснимые декреты.

На тех же днях произошла ожидавшаяся мною стычка с Чегодаевым. Было приказано перевести часы на один час назад. В "Славянском базаре" этого не сделали, и меня не разбудили своевременно, в силу чего я опоздал на службу. Через пять минут ко мне вошел Чегодаев и повышенным голосом стал делать мне внушение. Я тоже повысил голос, он тоже, в конце концов мы оба кричали. Последним кричал все-таки я, требуя, чтобы на будущее время он беседовал со мною через коллегию, а покуда чтобы сию же минуты удалился из моего кабинета. Бледный как полотно, Чегодаев заметался между тремя дверями моего кабинета, а затем выскочил в общий зал. Около дверей собрались служащие, высовывались испуганные лица. От двери в общую залу отделился сторож, дежуривший у кабинета Стучки, расположенного против моей комнаты, отвесил поясной поклон и промолвил:

— Это, Н.В., от всех сторожей!

Таким финалом моей службы в комиссариате я был удовлетворен.

Оставаться в отделах, которыми заведовал Чегодаев, было невозможно. Курский предложил служить у него в административном отделе, и этим я воспользовался, чтобы дослужить 3-4 дня до получения полумесячного жалованья.

Задача моего пребывания в комиссариате была выполнена. Внутри нарастало омерзение ко всему окружающему, даже к самой Москве, загрязненной, уплотненной, начавшей уже голодать, еще более покорно, чем Петроград, позволявшей попрать свои вековые твердыни, впустивши в святое святых свое и всей России людей, с презрительной усмешкой вычеркивающих из жизни народа патриотизм, религию, мистику, все невещественные ценности, которые есть и будут вовеки веков лучшими достижениями человечества.

Один важный вопрос еще не был разрешен мною. Большевики действовали по рабоче-крестьянской доверенности — мне хотелось, и я должен был по возможности детально проверить полномочия этой доверенности.

Я решил соприкоснуться с народом.

III

Никогда Москва не была так грязна, неустроенна и внешне груба, как весной 1918 года. Так человек во время тяжелых душевных переживаний не обращает внимания на внешность. В задумчивости идет он из прихожей, забыв оставить там шляпу, и кладет ее на обеденный стол, садится в первое попавшееся кресло, стоящее на самом неуютном месте, на котором он никогда не сидел, и валится дымящаяся папироса из бессильных пальцев на дорогой ковер. Блуждающим взором глядит он кругом — все не так, как было раньше. "А, все равно — потом приберется", — думает он, и даже легче ему, что необходимость поддерживать прежний порядок уничтожилась и не отвлекает больше его внимания от созерцания происходящей внутренней катастрофы.

Шум и гвалт, которые подняли незваные гости, мелькание автомобилей, получивших специальную кличку "хамовозы", выхватывание друг у друга особняков покрасивее для того или иного учреждения, перевозка казенного имущества из одного помещения в другое — наполнили Москву суетливой бестолковщиной, не задевавшей глубин московской жизни.

Это действовало на нервы, как шум холостого маховика, вертящегося особенно сильно и громко, потому что он выключен из сопряжения с приводами и вертится зря, не исполняя никакой полезной работы.

Улицы, магазины, кинематографы и театры были полны какой-то серой, невзрачной публикой, неистово толкавшейся, старавшейся держать себя независимо и свободно, усвоившей себе лубочную манерность "свободных граждан". Это была первая накипь бурлящей жидкости, вызвавшая брезгливость и боязнь запачкаться.

Радостно было сесть в вагон и отсчитывать минуты, когда эти шум, грязь и суета останутся позади и сменятся спокойствием лесов, пустынностью полей, грустным шепотом природы.

Я ехал в глухую маленькую деревушку, где предложил мне поселиться в построенном им доме мой сослуживец по комиссариату юстиции, вышедший из крестьян, уроженец этой деревушки. Остановка была в уездном городке Торжке, откуда около тридцати верст нужно было сделать на лошадях.

С нетерпением ожидал я первых встреч и первого обмена мыслей с крестьянами. Хорошо знакомый раньше, в студенческий период моей жизни с крестьянской средой, я был оторван от нее более чем пятнадцатью годами городской напряженной работы. За этот долгий период меня взволновал отзвук крестьянской жизни, долетевший до меня в книге "Наше преступление", рисовавшей быт и нравы крестьянства. В печати был поднят шум вокруг нее, ибо картина морального развала деревни была нарисована резкими, беспощадными красками. Писали, что автор тенденциозно подобрал факты, что он сгустил краски, что иначе смотреть на русский народ и не может бывший земский начальник Родионов. Между тем всем нутром я чувствовал, что автор пишет одну только правду и не выдумал свою книгу, а сфотографировал в ней те действительные факты, которыми изобиловала жизнь русской деревни. Предвестники этого ее состояния появлялись уже во время моего тесного знакомства с нею.

Со времени появления на свет Божий этой книги прошло лет восемь или десять. Куда свернула деревенская жизнь? Вверх или вниз? У меня были тяжелые предчувствия, так как я не знал фактов, которые могли бы способствовать возрождению деревни.

Торжок утопал в белом яблоневом цвету. Его тридцать восемь церквей (необычайное количество для мизерного населения мирного времени) блистали разноцветными куполами в заречной части города. Мечтательной архитектурной сказкой рисовалась на голубом небе белая ажурная колоннада, поддерживавшая купол одной из колоколен, построенной, как говорят, самим Растрелли. Между крутых берегов сердито лопотало течение реки, не успевшей избыть половодья последнего ливня. Здесь еще шла феерия весны, незамеченная пыльной хлопотливой раздражительной Москвой.

Он был хорош, этот маленький уездный городок, почти деревня, и я решил остановиться в нем на несколько дней. Эти дни перевернули мою судьбу, и вместо дальнейшего пути в деревню я остался в нем почти на целый год. Меня убедил сделать это бывший судебный следователь Н.Н.Воскресенский, приведший много доводов в пользу того, что я должен остаться в Торжке и служить в уголовной следственной комиссии, председателем которой он состоял.

Два из этих доводов имели для меня существенное

значение: во-первых, что эта служба во многом поможет мне соприкоснуться с крестьянством, во-вторых же, что деятельность комиссии посвящена расследованию исключительно уголовных дел и не носит политического характера.

Я выставил своим условием право работать на дому, являясь в комиссию лишь для сдачи и приемки дел, и после переговоров с местным комиссаром юстиции стал исполнять обязанности товарища прокурора, направляя дела к доследованию или для разбирательства в судебную инстанцию, составляя в этом случае обвинительный акт.

Работы было много. Приходилось ликвидировать дела первых революционных месяцев. Обвиняемые большей частью были солдаты, возвращавшиеся домой, грабившие прохожих и нападавшие на дома. Большинство обвиняемых невозможно было разыскать, и только относительно местных уроженцев удавалось доводить дело до конца. Текущие дела обильно прибывали, на каждой неделе поступали заявления о найденных трупах, о совершенных наглых ограблениях. Увеличение преступности наблюдалось повсеместно. В разговоре, происходившем несколько позднее, комиссар юстиции Старицкого уезда жаловался на невероятный рост детской преступности, охватывавшей собою самые тяжкие виды преступлений, вплоть до преднамеренного убийства.

Кроме указанной работы, приходилось еще ликвидировать производство административного отдела, который, являясь отделом исполкома, до возникновения народных судов вершил почему-то все судебные дела. Эти производства были со "всячинкой"; так, по одному делу никак нельзя было доискаться, у кого хранится довольно крупная денежная сумма взысканного штрафа. Путь ее можно было проследить до комиссара юстиции, который не отрицал, что получил ее, но утверждал, что передал ее без расписки другому лицу, тот, в свою очередь, тоже не отрицал, но тоже имел какой-то уважительный отвод. Добиться чего-либо было невозможно. После ознакомления с этим производством к делам административного отдела стали относиться с осторожностью, попросту говоря, оставили их в покое. Насколько помню, через уголовную комиссию лишь одно дело из числа "административных" доведено было до суда. Некий крестьянин обвинялся в убийстве жены и был заключен в тюрьму. Комиссар юстиции единолично распорядился дело производством прекратить и обвиняемого освободить из-под стражи. По рассмотрении этого дела судом обвиняемому было дано 15 лет тюремного заключения.

Описывая провинциальную жизнь, приходится, конечно, иметь дело с "dii minores" большевизма, говорить не о большевиках, а о большевичках, не о комиссарах, а о комиссарчиках. На поверхности ее за все время моего пребывания в Торжке мелькнули две-три самобытные фигуры, заслуживающие упоминания, в общей же своей массе местный исполком и его ответвления были наводнены, по выражению одного контрреволюционера, "брандахлыстом" — людьми мелкой душонки, узкой мысли, микроскопического масштаба.

Над ними головой возвышался некий Панфилов, недавно избранный в председатели исполкома. Это был высокий, стройный, не старый еще, гладко выбритый человек. От всей фигуры его, больших рук, крепко, по-военному обутых ног оставалось впечатление физической силы, продолговатое лицо с ясными серыми глазами создавало представление о недюжинном уме и большой крепкой воле. Говорили, что он бывший офицер и помещик, но в точности это не было известно. Внутренний мир его не обнаруживался совершенно — это был не из тех людей, которые легко раскрываются. Помнится до сих пор одна его фраза, произнесенная при обстоятельствах, свидетельствовавших о том, что его нельзя упрекнуть в недостатке мужества, оказавшаяся пророческой.

К осени 18-го года Торжок начал страдать от голода, и бунтовали в нем больше всего бабы. Они собирались толпами, ходили по городу, выкрикивая проклятия советской власти, и почему-то им это сходило безнаказанно. В конце концов они скоплялись у продовольственного отдела и грозно требовали для объяснений комиссара. Один из них откупился неурочной выдачей муки и широкими обещаниями; другой, его заменивший, попросту спрятался, и бабы, вволю подебоширив, разошлись. Когда же подобная оказия случилась при Панфилове, то он спокойно вышел к шумливой толпе и заявил:

— Вы жалуетесь на голод. Говорите, что долго стоите в очередях и получаете мало муки. Так я вам скажу, что это еще не голод. Вот когда вы будете стоять в очереди за гробами — тогда вы узнаете, что такое голод.

Бабы тихо разошлись.

Зайдя однажды в помещение исполкома (там же помещалась и комиссия), я застал и Воскресенского, и комиссара юстиции в тревоге. Оказалось, что у исполкома произошли трения с местной ЧК и на угрозу исполкома принять репрессивные меры чекисты ответили, что они и сами не прочь проверить состав исполкома, а в случае надобности и арестовать кого окажется нужным. Происходили эти столкновения потому, что никакие обязательные взаимоотношения между чека и исполкомом нигде предусмотрены не были. Только в самом конце 18-го года ВЦИК разрешил этот вопрос в том смысле, что высшими представителями местной власти были признаны исполкомы, а ЧК — учреждениями, входящими в их состав. Разъяснение это не имело никакой реальной ценности, так как в нем же было указано на обязанность чрезвычайной комиссии лишь доводить до сведения исполкома о состоявшихся постановлениях. Это давало возможность ЧК вынести какое угодно постановление, привести его в исполнение, а затем уведомить исполком о совершившемся факте.

В течение нескольких дней положение было угрожающим. В городе не знали, кто кого в конце концов арестует, исполком — ЧК или ЧК — исполком. И тот, и другая имели в своем распоряжении военную силу. Конфликт все-таки был улажен. Мне думается, произошло это потому, что чекисты чувствовали твердую руку Панфилова и понимали, что шутить с ним опасно. В соседнем, Старицком уезде подобное же столкновение зашло так далеко, что исполком и ЧК поочередно арестовывали один другого и потребовали создания особого "революционного комитета", составленного большей частью из приехавших губернских чинов, для того, чтобы разобрать их взаимные недоразумения.

Уездным комиссаром юстиции был левый эсер Голованов. Познакомившись с его единоличными распоряжениями по административному отделу, я стал называть его Головотяповым, но это название не соответствовало его внутреннему облику. Голованов был хитрый и умный мужик. Больше хитрый, чем умный. Он умел с каждым соответственно обходиться, был постоянно начеку и хорошо понимал людей. Говорили, что он не забывал себя. О юстиции он, конечно, не имел ни малейшего представления, и несмотря на это, при обращении с профессиональными юристами — Воскресенским и мною — он умел не терять своего достоинства, избрав для этого правильный путь предоставления нам полной свободы действий и полного внешнего доверия.

Когда организовались первоначально народные суды и нужно было распределить их по волостям, Голованов решил, что на отпущенные для этой цели деньги можно создать большее число камер, и насадил их в полтора раза больше, чем полагалось. Такое судоустройство Новоторжского уезда он упорно отстаивал и поручал мне защищать его перед губернским комиссаром юстиции. Он вообще высоко ценил мои связи, зная, что до приезда в Торжок я служил в комиссариате юстиции и что лично знаком с тверским комиссаром юстиции Козыревым.

Я не разубеждал никого в важности собственной персоны, рассчитывая, что это может оказаться полезным не для одного меня.

В августе Голованов советовался с нами об устройстве двухнедельных курсов для народных судей и просил меня прочесть им краткий курс каких-либо необходимых для судей сведений. Я согласился дать им элементарные указания по вопросам гражданского права и судопроизводства.

Занятия с судьями послужили мне к установлению связей с Тверью. Осенью я получил приглашение повторить свой курс уже для губернского съезда судей, устроенного по инициативе губернского комиссара юстиции Козырева.

Я знал Козырева по комиссариату юстиции. Он часто приезжал в Москву по делам комиссариата и потому, что сам был москвич. Он заходил в комиссариат и подолгу беседовал со мной о положении юстиции в Тверской губернии, спрашивал советов и изливал огорчения. Он был ранее слушателем университета Шанявского. Революция застала его в Твери на военной службе, так он в Твери и остался. Мне кажется, что он плыл по течению, делая, однако, для поддержания своей репутации серьезные выпады в сторону контрреволюции. Так им, например, был инсценирован и доведен до желательного ему конца многолюдный процесс тверских адвокатов и членов судебной магистратуры по обвинению в саботаже. Саботаж Козырев усмотрел в том, что, отказываясь служить и выступать в большевистском окружном суде, высшие служащие суда совместно с адвокатурой образовали бюро юридических консультаций. Обвинение было явно притянуто за волосы, тем не менее он энергично вел это дело, выступил на нем в качестве обвинителя и добился обвинительного приговора. Сделать это было нетрудно. Мне кажется, что эти выпады были с его стороны данью общему направлению окружавшей его среды. В общем это был человек здравого смысла, не лишенный, кроме того, организаторских способностей. Он упорно и систематически проводил однообразие судоустройства, имел точное представление обо всем, что делается в пределах его ведомства в губернии, и искренне возмущался революционными благоглупостями своих сотоварищей по исполкому. Так, например, он даже с каким-то изумлением передавал мне такой случай. Недалеко от Твери находилась исправительная колония для малолетних преступников, отошедшая в ведомство социального обеспечения. Комиссар его, студент какого-то технического института, направляясь в колонию, встретил двух мальчуганов, убежавших оттуда. Он посадил их к себе в экипаж, узнал, что они убежали потому, что в колонии скучно и наказывают, привез их обратно, собрал всех мальчиков и разъяснил им, что начальство колонии обязано исполнять исключительно хозяйственные функции, что никакой власти над ними, содержащимися, у начальства нет и что они должны сами собираться и вырабатывать внутренние распорядки колонии.

Таких сверхреволюционных достижений мозг Козырева не воспринимал. Любопытно, что он сумел комиссарствовать, не входя в партию коммунистов, до самого конца 18-го или даже 19-го года.

Ввиду невозможности, несмотря ни на какие ордера, получить номер в переполненных гостиницах Твери Козырев предложил мне диван в своем кабинете. Он только что женился и жил в коммуне, занимавшей большую часть особняка на набережной Волги. Он занимал кабинет и спальню, в громадном зале и еще одной полутемной комнате постоянно проживало 6-7 человек сменявшейся публики. Я с состраданием смотрел на его молоденькую миловидную жену, избранную уже, однако, в народные судьи, принужденную первые дни семейной жизни проводить среди чужих людей, относившихся к ней со скрытым недоброжелательством, в атмосфере вечной толкучки, где даже я, одинокий временный гость, чувствовал себя как на базаре.

По инициативе Козырева в Твери издавался журнал "Народное право", который он хотел поставить на высоту умершего при большевиках петербургского "Права". Он просил меня давать конспект моих лекций для напечатания, и я согласился на это. В следующем же номере получился отклик из Москвы. Некий Audax советовал мне озаглавить мои лекции эпитафией к X тому: "Милому другу и товарищу юных лет", и интересовался при этом, что бы я сказал, если бы узнал, например, что заготовляется декрет об отмене решительно всех законов буржуазно-капиталистического периода. В вежливых словах я ответил "храброму товарищу", что счел бы это величайшей глупостью. Впоследствии оказалось, что Audax был осведомленнее меня.

Журнал этот вскоре стал мне неприятен, ибо в нем появились такие, например, статьи со слезами: "Редкое счастье, великая радость выпали мне на долю — открыть первое заседание народного суда", и т.д. Статья эта принадлежала перу одного из старых членов тверского окружного суда, оставшегося служить у большевиков, явственно пересолившего в своем революционном усердии и потому вызывавшего пренебрежительное к себе отношение. Я перестал давать какой-либо материал. Вскоре прекратились и лекции по неизвестной мне причине.

В середине лета состоялось какое-то соглашение между большевиками, меньшевиками и, кажется, также эсерами, в результате чего появились партийные газеты, раскупавшиеся нарасхват. Очевидно, предчувствуя краткость своего существования, они наполнялись беспощадной критикой большевизма и, конечно, были закрыты на первом же десятке номеров. Это было последнее и окончательное удушение печати. Со смертью этих газет к услугам читателей остались "Известия", "Правды" и "Бедноты" различных территориальностей. Осталась еще малюсенькая щелочка для хрипа свободного мнения — отдел "Известий" под названием "Маленькие недостатки механизма", но и из этой незаметной отдушины почти каждый день доносились такие вопли, что скоро захлопнулась и она.

Не могу не упомянуть о двух статьях "Известий", произведших на меня впечатление. Первая поразила меня не только содержанием, но и подписью. Она принадлежала какому-то чекисту — не то Петерсу, не то Лацису — и предлагала в дискуссионном порядке обсудить вопрос о том, допустимо ли печатание чего-либо иного, кроме листовок, брошюр и произведений агитационного характера, которых будто бы жаждет начинающий разбираться народ. Я не вытерпел и написал ответ, указывая, что таким образом берется на учет самое творчество писателя и производится давление на ту таинственную лабораторию, где зарождается творческая мысль и творческое чувство, первым условием существования которых является ничем не ограниченная свобода. Статья эта, конечно, не была напечатана, и я жалел о том, что послал ее, — мне думалось, что я просто поддался на провокацию.

Вторая статья была вызвана, по-видимому, тем, что назрел момент расставить точки над всеми "i", покончить со всеми недоуменными вопросами и отвязаться раз навсегда от приставаний со всякими свободами, неприкосновенностями и прочими демократическими побрякушками. Большевизм прочно становился на ноги, уничтожал "власть на местах", начинал проводить сугубый централизм и круто сворачивал к партийному абсолютизму, который из приличия называется "диктатурой пролетариата".

Апологетом этого нового курса явился Бухарин, в пространном фельетоне талантливо и вразумительно объяснивший, что большевизм ведет за собою реальную борьбу классов, до полного уничтожения рабочим — всех остальных, что до достижения этого страна находилась в состоянии перманентной революции и что во время революции, как это весьма понятно, было бы безумием отдавать в руки врагов такие орудия борьбы, как печать, право собраний и т.д.

Против такой ясности мысли ничего нельзя было возразить и пришлось утешаться лишь твердой уверенностью Бухарина в том, что достаточно дать народу малейшую свободу слова и собраний, как польются обильные потоки проклятий на большевиков.

Насколько я знаю, тезисы этой статьи и до настоящего времени являются краеугольным камнем внутренней политики большевиков.

В августе 18-го года произошло покушение на Ленина. Выстрел был сделан в упор, и, тем не менее, Ленин остался жив. Есть люди, жизнь которых имеет роковое значение. Они не могут сойти со сцены прежде, чем не выполнят до конца предназначенной им миссии. Таков, например, был Распутин, переживший нанесенное ему какой-то бабой в Сибири страшное поранение, которое стоило бы жизни девяноста девяти людям из ста.

И есть явления, не менее роковые, будто охраняемые какой-то странной судьбой от всех случайностей, могущих остановить их торжественное шествие. Если можно объяснить психологически, экономически и т.д., вообще путем, доступным разуму, широкую победу большевизма, то ничем иным, кроме как случайностью, нельзя объяснить того общего сцепления обстоятельств, не зависящих от людской воли, которые потворствовали большевизму и разрушали начинания, являвшие серьезную опасность для него. Ленина бьют в упор, с прицела — и он остается жить. Корнилов убит артиллерийским снарядом, Маркова уносит последний орудийный выстрел, выпущенный красными наудалую, в неподходящий момент умирает Алексеев, Дроздовский умирает от пустячной раны в ногу — целая серия смертей, которых могло бы и не быть, и т.д., и т.д. — цепь событий и обстоятельств самого разнообразного свойства, по которой можно дойти вплоть до политики английского премьера.

Пусть это будет сцепление случайностей, но ряд однародных фактов всегда имеет и единую производящую их причину, и если поиски этой причины в силу ограниченности человеческих способов восприятия приходится направлять в неопределенную и туманную область мистицизма, то, казалось бы, по справедливости ее следует признать генеративным пунктом многого, хотя и непонятно, но тем не менее несомненно существующего.

К моменту покушения вся Россия была покрыта частой сетью чрезвычаек*). Не было не только городов, но вообще сколько-нибудь значительного пункта людской концентрации, где не существовало бы местной ЧК. В ответ на покушения советская власть объявила красный террор, учредила "институт заложников", ввела в систему государственного управления кровавую расправу со всеми инакомыслящими. Проводить в жизнь эти мероприятия принялись ЧК с увлечением и с истинной любовью к делу. В эти дни Россия впервые повсеместно залилась русской кровью. Аресты и обыски происходили днем и ночью. Ужас навис над всей Россией, погрузил ее в безмолвие, трепетное ожидание, наполнил дни и недели шепотом фантастических вестей, превышавших вероятности реальной жизни.

Свою страшную работу ЧК производили под покровом ночи, и в больших городах, изобильных людьми, чуждыми друг другу, не так явственно ощущались результаты этой беспримерной деятельности. В маленьких городишках, где все известны всем, наутро распространялись точные сведения о событиях ночи. В тюрьму тянулись жены и дети, относившие белье и пищу арестованным. Опасливо ходили любопытные на места расстрелов и находили брызги мозга и крови. Одной жене принесли пенсне убитого мужа. Первые казни произошли в Торжке у внешней стороны тюрьмы и в одном из глухих мест города.

---

*)Уездные чрезвычайные комиссии были упразднены весной 1919 г.

Впоследствии место действия было перенесено в стены чрезвычайки.

С наступлением темноты город вымирал, и в то время, как по улицам раздавался стук копыт от разъезжавшего отряда чрезвычайки, пугливые обыватели дрожали по своим углам при свете ночника. Всякие личные гарантии перестали существовать. Каждый русский гражданин, свободный утром, мог оказаться арестованным и расстрелянным до нового восхода солнца без предъявления каких-либо конкретных обвинений, под флагом контрреволюции или же "в порядке красного террора", как стали выражаться газеты. В Петрограде, куда я ездил по личным делам на несколько дней, нельзя было выйти на улицу, чтобы не встретить разношерстной толпы, окруженной вооруженными "товарищами", куда-то покорно и уныло бредущей. Часто мелькали знакомые лица, так, например, мне врезалась в память фигура идущего в первом ряду арестованных председателя столичного мирового съезда Меньшуткина (я слыхал потом, что он вскоре был выпущен на свободу). Это шествовали заложники.

В это страшное время по возвращении в Торжок от делегации, приехавшей из Твери для ревизии исполкома, я получил предложение занять должность председателя совета народных судей.

Имея в виду коснуться большевистского судебного законодательства, я не собираюсь давать полную картину его. Для общей картины моих впечатлений достаточно показать отражение этого законодательства на текущей жизни. Сделать большего я даже и не могу, потому что самого текста декретов у меня в руках не имеется и содержание их мне приходится восстанавливать по памяти. Должен оговориться заранее, что в силу того же обстоятельства я лишь приблизительно указываю время обнародования декретов и не всегда могу с полной точностью установить, составляли ли приводимые положения содержание декретов или были изложены в соответствующих инструкциях.

До 1 января 19-го года всего появилось три советских декрета о суде. Декрет №1 был одним из первых актов большевистского законодательства. В нем ярко отразились основные приемы большевистского государственного управления, сводившиеся к тому, чтобы прежде всего уничтожить, а затем на свободе подумать, чем заменить уничтоженное. Этот метод применялся ко всем областям и во всех направлениях, как впоследствии была уничтожена свободная торговля без замены ее организованным добывающим и распределяющим аппаратом, как зачеркнуты право наследования и рабочее законодательство без немедленной замены их деятельностью комиссариатов социального обеспечения и труда и т.д., и т.д., также были закрыты суды и уничтожена адвокатура силою декрета №1 без создания новых судебных инстанций и без указания способов защиты для обвиняемых и тяжущихся.

Развал, внесенный декретом о суде №1, был колоссальный. Для суда этот декрет сыграл ту же роль, что для армии знаменитый приказ №1. Нормальная судебная жизнь застопорилась, превратилась в хаос. Некоторые учреждения сразу после декрета прекратили существование в силу принятых большевиками мер, как, например, Петроградский окружной суд, куда был прислан караул, не впускавший никого в здание суда; некоторые же продолжали существовать и действовать. Департамент герольдии правительствующего сената еще в феврале 18-го года прислал в комиссариат юстиции бумагу, соответствовавшую всем правилам прежнего времени. Судебная магистратура и адвокатура оказались выброшенными за борт и после того, как храм Фемиды был наглухо заколочен этим декретом, остались на положении "нищих на паперти храма Фемиды". В 19-ом году я встретил популярного товарища председателя одного из гражданских отделений петроградского окружного суда, Кагиони, который сообщил мне длинный мартиролог членов суда, погибших от голода и нужды. Сам он служил в гидрографическом отделе морского комиссариата и радовался тому, что пристроился на это скромное место. Адвокатура, более подвижная и приспособляющаяся, бросилась во все стороны на борьбу с жизнью, но из ее рядов выпало много неудачников. Трудно узнаваемые печальные фигуры попадались мне в Петрограде.

Декрет №2 явился первым творческим актом большевиков по отделу юстиции и обнаружил полную убогость их творческой фантазии. Судебные учреждения он скопировал со старых образцов, сохранив разделение судов на две категории, соответствующие прежним мировым и общим судебным местам. Так же была апелляционная инстанция, был и Верховный суд, единственный на всю Россию, явившийся чем-то вроде упраздненного сената. Качественный состав судей был понижен. Отношение к законодательству прежнего времени выразилось совершенно расплывчато, так как было указано руководствоваться старыми законами, поскольку они не противоречат декретам советской власти и революционному правосознанию. Судебное возмездие было предоставлено воле случая с отменой шкалы наказания и с оставлением выбора его на усмотрение судейской революционной совести. Тверской комиссариат юстиции, основываясь на указаниях декрета №2, предписал судьям в каждом случае неприменения старых законов давать мотивированное объяснение, почему таковой закон не применен. Газеты запестрели примерами фантастических приговоров, с восторгом указывая, как удачно избираются наказания при содействии "революционной совести". Запомнился случай, когда красноармеец, судившийся за взятку в 40 рублей, полученную за неправильную посадку в вагон на Николаевском вокзале, был приговорен к расстрелу и расстрелян. Об этом сообщалось в тоне истинно революционного пафоса.

Приблизительно до лета 18-го года большевики чувствовали себя неуверенно и сомневались в крепости своей власти даже в то время, когда многим, глядевшим со стороны, ясно было, что в России нет сил, способных защитить ее честь и достоинство. Соответственно этому настроению деятельность совнаркома была устремлена главным образом к тому, чтобы оставить как можно больше памятников своего пребывания у государственного кормила, и носила характер чисто бумажный. Нужно было показать грядущим поколениям, как разрешали большевики тот или другой вопрос государственного управления, для того, чтобы благодарное потомство знало, чего им следует добиваться в случае возвращения тиранов или воцарения социал-предателей-соглашателей. По этой же причине советская власть мало заботилась о том, чтобы декреты проводились в жизнь. Можно предположить, что если бы судьба прервала деятельность большевиков в период этого писания, воспрепятствовала бы применять его на деле и обнаружить чудовищные последствия этого столкновения теории с практикой — известный ореол окружил бы большевиков, вовремя ушедших со сцены.

В тех редких случаях, когда учреждения или местности были представлены людьми с организаторскими способностями, декреты кое-как проводились в жизнь. В остальных случаях они лежали в разрозненных экземплярах беспомощной кучей, а жизнь текла своим чередом по воле и желанию "власти на местах". Аккуратно получать в провинции издаваемые декреты было невозможно, а понять содержащиеся в них требования для многих большевистских деятелей было еще невозможнее. Люди, интересовавшиеся декретами и проводившие параллель между ними и действительностью, ничего не понимали, да ничего и нельзя было понять, так как вся Россия напоминала собой опрокинутое решето раков, куда-то лезущих и ущемляющих друг друга.

В Петербурге сформировались и действовали окружные суды, в Москве они так и не народились до обнародования декрета №3. К созданию Верховного суда не было сделано даже и попыток.

Декрет №3 появился в конце 18-го года. Им вводились однообразные суды для всей России, именно народный суд, с разным составом судей для дел различной важности.

В этом декрете отразились два существенных достижения революционной юстиции: во-первых, уверенность в том, что деятельность суда по гражданским делам должна вскоре прекратиться и потому не заслуживает никакого внимания. Имущественные вопросы, создаваемые существованием частной собственности, должны были иссякнуть в той постепенности, в какой под давлением национализации суживался круг предметов, еще находившихся в собственности граждан; во-вторых же — полное убеждение в том, что вся громадная работа, проделанная юристами всего мира со времен Римской империи, отражающаяся в тексте законов, в сенатских решениях и во всей юридической литературе — не что иное, как "юридическая галиматья", только препятствующая торжественному шествию революции.

Соответственно этому внимание декрета было направлено главным образом на судьбы уголовных дел. Из указаний в области гражданских правоотношений припоминаю одно — на судей были возложены обязанности и нотариуса. Второе же положение выразилось, как правильно предсказал товарищ Audax, в отмене всех законов буржуазно-капиталистических правительств. Предписывалось руководствоваться декретами советской власти и опять-таки революционным правосознанием.

Постановления советской власти по отдельным вопросам права были безнадежно разбросаны по декретам. Указания на интересы, могущие быть урегулированными судом, содержались и в декрете о земельных отделах, и в декрете об увольнении служащих, и в декрете о браке и разводе, и в железнодорожных декретах, и в бесчисленном множестве остальных. Все эти декреты безостановочно то заменялись, то дополнялись новыми, и держать в памяти весь этот колоссальный материал даже профессиональному юристу не представлялось возможным — о судьях, взятых от сохи, не могло быть и речи. Руководствоваться декретами советской власти по этой причине представлялось невозможным, и получилось то, что советская юстиция, не стесненная фактически никакими декретами и принципиально свободная от каких бы то ни было законов старого времени, отправилась путешествовать в необъятность.

Вторая инстанция была кассационная — губернский совет народных судей. Создание ее было очередной нелепостью.

Советская юстиция, разрывавшая все формы, презиравшая их как юридическую галиматью, устраивала судебное учреждение, деятельность которого основана на соблюдении формального принципа. Нуждавшаяся благодаря полной безграмотности и неопытности судей в основательной проверке судейских мнений по существу дела, она отбрасывала контролирующую вторую инстанцию.

Любопытны были мотивы, побудившие к созданию этих губернских советов. Образование их объяснялось стремлением к экономии и желанием создать единообразную кассационную практику.

Во время последнего моего пребывания в Москве я виделся с Красиковым и с карандашом в руках доказывал, что губернские советы дадут перерасход сравнительно с прежним положением, а не экономию. Над однообразием практики, насаждаемой при посредстве губернских советов, я, конечно, мог только посмеяться. На замечание же мое, что отправляясь от персонального состава судей гораздо целесообразнее было бы создать именно апелляционную инстанцию, Красиков спокойно ответил: "Ну, да если хотите, это и есть апелляционно-кассационная инстанция".

И, как это ни нелепо, но по существу он был прав, ибо

в одних случаях тверской губернский совет, как я в этом убедился по делам, переданным мною туда после закрытия совета, оставлял жалобы не только без последствий, но, по изобретению правительствующего Сената последних лет, даже "без рассмотрения за отсутствием кассационных поводов", в других же случаях валял, не стесняясь, по самому что ни на есть существу дела.

В течение лета 18-го года в Новоторжском уезде совет народных судей еще не был сорганизован. Количество судей превышало полагающееся. Первый участок, которым заведовал судья Лебедев, был головным и осуществлял службу между комиссаром юстиции и остальными судьями. Для того, чтобы привести судоустройство Новоторжского уезда в соответствие с декретом, нужно было устранить прежде всего лишних судей, допущенных Головановым. Его упорство в этом отношении затянуло дело с созданием совета народных судей, и лишь по настоятельному требованию Твери были назначены перевыборы судей в ближайшее время. Для того, чтобы принять должность председателя совета, я должен был прежде всего быть избранным в число судей, затем быть избранным самими судьями в председатели и наконец быть утвержденными в этой должности местным горисполкомом.

Выборы в судьи должны были быть произведены самими же наличными судьями и сводились к избранию большого числа старых судей плюс новые кандидаты — меньшего количества новых судей. Я был уверен, что пройду и в судьи, и в председатели, так как все старые судьи были в некоторой степени моими учениками и авторитет мой среди них был достаточно крепок. Со стороны исполкома препятствий не предвиделось ввиду осведомленности его о желании Твери. Эти вопросы совершенно стушевались перед главным вопросом — принимать или не принимать предложение. Тут было над чем призадуматься. Для меня была ясна дилемма предстоящего мне поведения: быть послушным исполнителем воли исполкома и ЧК или создать ряд конфликтов с ЧК, во всяком случае, и с исполкомом, по всей вероятности. Мне известен был случай, когда ЧК затребовала объяснений от судьи 1-го участка, почему он еще не разрешил одного из бывших у него в производстве дел, и на ответ, что дело было отложено по формальным обстоятельствам (неизвещения повесткой кого-то из участников дела), объявила, что объяснение судьи признано неудовлетворительным, и предписала в ближайший срок дело разрешить. О возможности конфликта еще с одним немаловажным представителем советской власти я в то время еще не подозревал.

Первая линия поведения мне не улыбалась, вторая — была явно небезопасной и более чем вероятно грозила печальным концом моему земному существованию. Кроме субъективной оценки этого шага, была и общественная. Тут я сталкивался с двумя соснами, между которых в описанное время блуждала русская интеллигенция. Преследовать принцип "чем хуже — тем лучше", безмолвно смотреть на это худое, помогать ему, хотя бы только временно, или стремиться к лучшему при всех условиях и во всяких обстоятельствах. Мне всегда казалось, что идти по первому пути значит унижать добро, убивать веру в него, способствовать общей деморализации. Пораженческая психология всегда представлялась мне общественным изуверством, чем-то вроде религиозного самосожженства, и куда более благородной казалась мне фигура "одного в поле воина", сохранявшего за собою хоть надежду в нужный момент быть окруженным новыми, уже многочисленными воинами.

Я решил посоветоваться кое с кем из лиц, которых я уважал, и услышал настоятельную просьбы занять место председателя, которое в случае моего отказа могло быть замещено совершенно нежелательным кандидатом. В корыстных стремлениях я не мог быть заподозрен, так как жалованье председателю шло такое же, какое я получал в качестве члена уголовной комиссии. Я побывал в Твери, и при беседе с Козыревым выяснил, что с открытием совета упраздняется при исполкоме отдел юстиции и мне придется фактически исполнять обязанности уездного комиссара юстиции, под другим только названием, что он лично ожидает от меня организационной работы, инструктирования судей и поднятия деятельности судов на должную высоту. Эти разъяснения не могли отразиться на принятом мною решении и важны были лишь для определения широты моих полномочий.

Несмотря на то, что все судьи были из крестьян, состав их был довольно разнообразен по степени умственного и интеллектуального развития. Был один рабочий, незлобивый и нерешительный человек, разрешавший дела самым фантастически образом и писавший в мотивированном решении о чем угодно, но только не по существу дела. Приходилось иногда в порядке надзора возвращать ему дела с указанием на несвязность решения. Он запомнился мне еще и потому, что у него оказался служащим бывший жандарм, которого он желал уволить, но не хотел уплатить двухнедельного вознаграждения. Без такой выплаты служащие увольнялись только за провинность — за жандармом их не имелось. Случаи же увольнения без провинности сметою совета народных судей не предусматривались. Ко мне ходили и судья, и жандарм. Выяснилось, что увольнения его требует вовсе не судья, а местный комитет бедноты*). Я предложил судье разъяснить комитету, что раз он требует увольнения, то он обязан и платить за это, а жандарму рекомендовал в случае бесплатного его

*)Комитетами бедноты стали именоваться прежние волостные исполкомы с того момента, как большевики, "углубляя революцию", стали расслаивать деревню на кулаков, середняков и бедняков.

увольнения предъявить иск в соседнем участке.

Был старичок, маленький, седой, с почти интеллигентным лицом. Он недурно решал дела, но был чрезвычайно жесток в приговорах. Его приходилось обуздывать. Был бывший солдат с военной выправкой, прилежный и старательный, внутренне тосковавший о своей необразованности. Был умный, спокойный, деловитый крестьянин, чрезвычайно быстро и безошибочно схватывавший судейские навыки. Фамилии их позабылись. Был, наконец, судья Лебедев, глубоко обиженный моим появлением, ибо он метил сам в председатели совета. Раньше он был слесарем, и, по рассказам, из запойных. Теперь он стал коммунистом, прилично, по-интеллигентски одевался, имел велосипед, держал себя с достоинством и с большим тактом. Он тщательно скрывал свое недоброжелательное ко мне отношение и в частных разговорах со мною неизменно огорчался тем, что все идет из рук вон плохо и неизвестно, чем все это кончится. Он положительно хорошо разбирался в существе дела и срывался только на судопроизводстве, так, например, в делах бракоразводных он считал несущественным, дошла ли повестка до ответчика или нет. Я долго не мог убедить его в неправильности его действий. После упразднения уездных советов он стал таки играть первую роль в уезде, но ничего дурного про него я сказать не могу, разве только то, что это был хитрый человек, ставший коммунистом из-за реальных личных выгод, но охотно "на всякий случай" признававший недостатки коммунизма. Неприятно было его серое маслянистое лицо с широким распластанным носом и крупными угрями.

Ничего интересного остальные судьи не представляли. Общее свойство их — полная юридическая безграмотность, а часто и грамматическая. Когда я сдавал первый участок, моим заместителем оказался серый и темный полуграмотный крестьянин. Он, видимо, бодрился при приеме участка, но не мог скрыть ужаса при виде нескольких толстых производств. Он ходил за мною хвостом, стараясь как можно более запомнить из моих пространных объяснений. Прощаясь с ним, я застал его мрачно сидящим за одним из фолиантов дел, не законченных еще с царского времени, где одних определений о подсудности было не меньше трех штук. Мне стало жалко бедных тяжущихся.

Вообще мало-мальский навык не разбирать дела, а хотя бы понимать значение производственных бумаг — приобретался крестьянами-судьями только силою давности их судейских упражнений. Не поняв этого, рекорд бессмысленности установил Старицкий уезд. Намотав на ус крылатое словечко Ленина, что у большевиков каждый гражданин должен научиться управлять государством, местный исполком решил, что лучше всего начать с обучения судейских функций, и издал постановление о перевыборах новых судей через каждые три месяца. Можно себе представить, какие цветы расцветали на почве столь высокого революционного самосознания.

Во время моего председательствования мне пришлось замещать судью 1-го участка, вовсе не явившегося для занятия должности. Это обстоятельство позволило мне наблюдать судебную жизнь уезда в полном ее объеме, так сказать на корню, а не только по делам съезда, где подбор дел мог оказаться случайным. Первый участок обслуживал половину городской территории и две волости: Марьинскую и Медновскую. В центральные пункты волостей — села Марьинское и Медное — приходилось делать выезды. Оба села лежали на большой дороге в Тверь, соединяющей конечными пунктами Петроград с Москвою, и несмотря на то, что волости были смежные, что жители Медного и Марьина хорошо друг друга знали и находились зачастую в родственных связях, трудно себе представить больших антиподов, чем эти два села.

Медновская волость, мизерная по территории, граничит с Тверью, и на ней сказалось в полной мере тлетворное влияние города. Само построение волости было на городской лад: на первом месте центр и где-то позади периферия. Большое красивое село Медное, раскинувшееся по обе стороны Тверцы, с боковыми улицами и переулками — и незначительные деревушки в окружности. Большинство его уроженцев работало в Твери на мануфактуре Морозова. Землей там мало интересовались: в дореволюционное время потому, что рабочие руки выгоднее применялись на фабрике; во время большевизма потому, что не было орудий производства и с одной только голой землей ничего нельзя было сделать.

В эпоху керенщины по многим причинам города были переполнены до отказа. После большевистского переворота городское население стихийно хлынуло в деревню по трем причинам — из-за голода, из-за сокращения фабрично-заводской деятельности и в результате самодемобилизации, возвратившей в деревню не только взятых у нее войною исконных крестьян, но и всех снятых мобилизациями с насиженных городских мест выходцев из крестьян, зачастую давным-давно уже утративших органическую связь с крестьянством. Все это ринулось в деревню с целью жить и кормиться, и в слабых крестьянскими устоями местностях подавило и поглотило основной крестьянский элемент, исказило существовавший быт. Так произошло и в Медном. Вместе с волною фабричных (кроме упоминания о морозовской мануфактуре нужно еще отметить также влияние петроградских фабрик, так как Тверская губерния, несмотря на свою близость к Москве и отдаленность от Петрограда, должна быть причислена к губерниям определенно петроградской ориентации) город принес в Медное все достижения революции — большевистское засилие, голод, полный сумбур и бестолковщину в среде местных властей.

Первый раз я выехал в Медное, не захватив провизии — казалось смешным ехать в деревню и брать из города съестные припасы. Я ничего не смог купить там, и настоятельное заявление, что после восьми часов езды письмоводитель, ямщик, да и я голодны, привело к тому, что нам выдали из продовольственного магазина по одному фунту муки. Расторопный ямщик обменял ее на хлеб, а ржавую селедку купили мы на собственные средства. Ночевать пришлось не то на столе, не то на скамейке.

Большевизм вообще насквозь пропитан чем-то походным, случайным, лагерным или арестантским. "Солдаты дымом греются, солдаты шилом бреются", — этим неуютом и запахом казармы несло отовсюду: от присутственных мест, загрязненных свыше всякого вероятия, от дефектных уплотненных частных жилищ, от внешнего вида большевистских деятелей, от городов, столиц, от всей России. Этой ущербной обстановке стал соответствовать внутренний мир российских граждан — психология приобрела какой-то спекулятивный характер, чувства мерились на недельный масштаб.

Марьинская волость — крепкая крестьянская волость. Село Марьино разрослось "порядками" в длину по большой дороге, окружено полями, в которые тотчас же упираются короткие боковые улицы. Мы останавливались у местного бывшего богатея, имевшего кожевенный завод, лавку, особо выстроенную из кирпича, с железной крышей, и большой двухэтажный дом. В гостиной, где мы спали, была полная чистота, половики, много цветов в горшках, большая образница и трюмо. В эту гостиную в то время, когда завод и лавка еще не были реквизированы, по всей вероятности, не так-то легко было войти кому-либо из обитателей села. Хозяин — невысокий сухой черноволосый человек лет сорока, в пиджаке, одетом поверх косоворотки, отводил душу за апокалипсисом и толковал откровение Иоанна. Нас поили молоком и чаем, а по утрам неизменно подавали горячие овсяные блины, чего вовсе не обязаны были делать. Каждый раз член исполкома приходил справляться, желаем ли мы обедать бесплатно или за плату, и объявлял, что наряд на нашу кормежку дан крестьянину такому-то.

В то время, как дела Медного носили характер чего-то выдуманного, изобиловали подвохами, а в остальном сводились главным образом к жалобам на неправильные действия власти, к отыскиванию неправильно отобранных лошадей, вещей и т.д., — дела Марьинской волости были самыми крестьянскими делами. Земля и все, что связано с обработкой ее, имели для марьинцев наивысшую ценность, и вокруг этих предметов вертелись интересы марьинцев, а стало быть, и судейская жизнь.

В Медном мало интересовались судом, в камере присутствовали почти исключительно вызванные лица да служащие исполкома. Костюмы были городские, говор был под интеллигенцию с революционными словечками, совершенно явственно просвечивало недоверие к суду вообще. Это же недоверие, впрочем, сквозило и в отношениях друг к другу. В Марьине камера с утра набивалась густою толпою в валенках и полушубках, гудевшей как улей, разделявшей все перипетии судебного процесса и самым непосредственным образом реагировавшей на показания свидетелей, замечания судей и т.п., так что приходилось нередко среди заседания обращаться к присутствующим с увещеванием. Крестьяне были коренастые, бородатые, давали показания степенно и обстоятельно, прямо смотря в глаза судье. На многих полушубках был вышит черною дратвой год. И насколько в Медном я неизменно становился на дыбы против мнений двух сотоварищей судей, стремившихся в решениях охранять чистоту большевистской догматики, настолько легко мне было отказаться от своего мнения в Марьине, когда все дело освещалось разъяснением не понятого мною хитроумного, чисто крестьянского расчета, совершено очевидного моему соседу крестьянину-судье.

Эти два села мне представлялись двумя организмами, разно сопротивляющимися одинаковой болезни. Один — слабый, совершенно не может противостоять злокачественной опухоли, заглушен и подавлен ею, другой — борется неустанно. Здоровые ткани локализуют болезнь, не дают ей углубиться и вот-вот поглотят до конца враждебное себе начало.

Медновская волость имела такое пораженное проказой лицо. Необходимость каждого выезда туда порождала во мне то брезгливое и опасливое ощущение, которое испытываем мы при близости захваченного этой болезнью человека.

Это разнообразие состояний и настроений со всей полнотой отражалось на течении повседневной жизни и на судебных делах.

Запомнился мне такой случай. В Марьине числилось 17 коммунистов, но когда объявлена была обязанность каждой коммунистической организации выставить против Колчака 10% своих членов, количество коммунистов немедленно сократилось до 6, так что в поход должно было пойти три пятых человека.

А вот и судебные примеры. Однажды пришлось разбирать целую серию аналогичных дел по обвинению крестьян в неисполнении распоряжений комиссии по отобранию хлебных излишков. Суть дела заключалась в том, что к сбору урожая 18-го года советская власть не успела еще выяснить линию своего поведения относительно крестьян и, опоздав принять меры к учету и снятию урожая на корню, в течение всей зимы донимала крестьян реквизициями то хлеба, то картофеля, то льняных семян, создавая для этой цели комиссии сперва на местах, а затем, убедившись в их непригодности, — в уездных центрах.

Марьинская комиссия определила, сколько хлеба мукой или зерном должен был сдать каждый хозяин, но крестьяне не исполнили этого, за что и обвинялись местным исполкомом. К удивлению моему, все обвиняемые ссылались на свидетеля — члена той самой комиссии, которая производила разверстку. С первого же дела выяснилось, что обвиняемые старались опорочить правильность самой разверстки, используя для этого члена бывшей комиссии. Отклонить его допрос не было никаких оснований, и я внимательно слушал его рассказ о том, как комиссия обходила дворы и определяла количество излишков. Свидетель закончил, но я все-таки ничего не понимал:

— Ну, так в чем же дело?

— А вот у (имярек нашего богатея) перевешали, и оказалось не девяносто пудов, а шестьдесят, — говорит обвиняемый.

— Как перевешали?

— Да так, усумнился он и потребовал, чтобы свешали.

— Так как же, свидетель, вы у остальных-то определяли, без веса?

— Известно, без веса. Смотрим в сусек и определяем — столько там четвертей аль пудов.

— Вот так комиссия!

Здоровенный хохот оглашает камеру.

— Да уж комиссия, чтоб ей провалиться. Ровно камень на шее висит. Срамота одна.

Все обвиняемые утверждали, что количество их хлеба вычислено неправильно и что у них никаких излишков не оказывается.

Суд оправдал всех обвиняемых.

Я в тот же день проверил у хозяина бывший с ним случай, и он его подтвердил, удостоверив, что расчет хлеба действительно производился на глаз и совершенно неправильно.

Привлекался крестьянин по обвинению в порубке леса. Жалоба была подана его односельчанином. Выяснилось, что он нанят был деревенским старостой огородить участок леса, принадлежавший деревне, и заготовлял для этого жерди и что ко времени разбирательства дела лес действительно был огорожен.

Такое отношение марьинцев к лесу оказалось совершенно исключительным. Проезжая по селам и деревням Старицкого уезда, у каждой без исключения крестьянской избы я видел груды наваленных свежеочищенных бревен. На въездах и выездах из деревень так и мелькали в глазах новые срубы, не успевшие потускнеть. Мой возница ткнул по направлению их кнутом и под нос себе пробормотал: "Дорого за это платить придется".

Я счел за лучшее не сообщать ему, что я думаю. Это

могло стоить жизни сотням лишних деревьев.

Одно дело не дошло до суда. Над помещичьими усадьбами уездным земельным отделом был назначен из Торжка комиссар. Его хозяйствование свелось к тому, что весь помещичий урожай 17-го года в Марьинской волости он сгноил в амбарах. Погибли тысячи пудов ржи, овса, проса и т.д. С моей точки зрения это было величайшее преступление, ибо Петроград уже голодал в то время, а между тем Новоторжский исполком ограничился тем, что сместил комиссара, не наложив на него никакого наказания. Эту историю рассказал мне один из бывших членов Марьинского исполкома первоначального состава. Дело было серьезное. Раз начав, его нужно было во что бы то ни стало довести до конца, и я решил взяться за него только в том случае, если у меня будут гарантии успешного окончания. Я заявил моему собеседнику, что я возбужу дело только в том случае, если группа крестьян в письменной форме сообщит мне все, что он рассказывал. Это дало бы мне тот обвинительный материал, который оказался бы необходимым, если бы все остальные улики, как этого можно было ожидать, исчезли бы. На такой поступок гражданского мужества у марьинцев не хватило.

Из дела Медного мне запомнились два следующих. Пожилой крестьянин требовал от продовольственного отдела возврата отобранных продуктов — несколько фунтов изюма, сахара и т.п. Во избежание подозрения, что эти предметы у него хранились для спекуляции, истец представил расчетную книжку, выданную заводским управлением тверской морозовской мануфактуры, в которой действительно были отмечены выдачи отобранных продуктов. Заведующий продовольственным отделом объяснил, что никто не может хранить у себя столь большого количества продуктов, и после больших принуждений с моей стороны показал, что отобранные продукты переданы местному клубу коммунистов. Мне удалось убедить одного судью, что отобранные запасы представляют собою трудовой паек истца и что задачи продовольственной организации состоят в регулировании распределения, а никак не потребления уже распределенных продуктов, в силу чего никакая власть не может заставить кого-либо съесть выданный ему паек и воспрепятствовать сбережению его на будущее время. Суд постановил удовлетворить требования истца несмотря на то, что второй судья-коммунист остался при особом мнении.

Второе дело шло о возврате неправильно отобранной лошади. Уездный военный отдел предписал волостям составить комиссию для реквизиции лошадей, точно обозначив ее состав. Вместо комиссии действующим лицом оказался один лишь волостной военный комиссар. Не тронув некоторых трехлошадников, он отобрал у истца лошадь, оставив ему на все хозяйство жеребенка. Каждый мой вопрос — да и все это дело — он считал личным для себя оскорблением, отвечал с большой неохотой, не мог понять, каким образом могут оказаться незаконными его действия, раз он военный комиссар, и не мог усвоить разницы между единоличными распоряжениями и действиями комиссии. В видах целесообразности истца пришлось направить с жалобой непосредственно в уездный военный отдел.

Жалованье совет выдавал 1 и 15 числа, и к этим дням охотно съезжались судьи также для того, чтобы поделиться впечатлениями и посоветоваться о не удававшихся им делах. Их рассказы дополняли пробелы моих личных впечатлений, и на основании всего этого прошедшего предо мною материала я могу с уверенностью сказать, что во всех камерах уезда, равно как и в самом совете, внеконкурентными по количеству стояли дела о разделах. В деревню понаехали братья, сыновья, всевозможные родственники, использовавшие всякую возможность пристегнуться к крестьянскому хозяйству. Это было неудивительно, ибо война и революция своротили бесконечное количество людей с протоптанных жизненных троп и заставили их искать нового приложения своих сил. Но удивительно было то, что и чисто крестьянские семьи поддались этой волне сепаратизма и заваливали суды прошениями о разделах. Для меня эти дела являлись лучшим доказательством эфемерности большевистских коммунистических затей и симптомами все усиливающегося гниения государственного организма, проникавшего вглубь, разрушавшего основные элементы его существования. С одной стороны, насаждались искусственные коммунистические хозяйства, вконец разорявшие те имения, к которым они прикасались, с другой стороны, стихийно разрушалась единственная существующая в мире естественная коммуна — семья. Свеча горела с двух концов.

Новоторжские поместья славятся громкими именами, там сгруппировались имения Петрункевичей, Бакуниных, в Марьинской волости я лично осматривал имения Тыртова и Дубасова. Дворянство поместное и дворянство служилое были одинаково представлены в Новоторжском уезде. Я не могу найти более печального зрелища, чем эти бывшие островки сельскохозяйственной культуры после нескольких месяцев коммунального хозяйничанья. Все разрушалось, сводилось на нет. В соседнем Старицком уезде коммуны блестяще проводили декреты о 8-часовом рабочем дне во время сенокоса и жатвы.

Крестьянские хозяйства обессиливались разделами, ибо за исчерпанием вопроса о земле на первый план выплывал вопрос об орудиях производства, а на них-то главным образом и направлялись вожделения всех требовавших раздела.

Из съездовых дел я должен упомянуть об одном, сыгравшем известную роль в моей судьбе. Это было дело Семеновой, начавшееся в 1917 году и поступившее в съезд через какую-то передаточную инстанцию. Местом действия была, конечно, Медновская волость.

Один крестьянин, наживший в Петербурге некоторые деньги, под старость возвратился в деревню и завел довольно широкое хозяйство. Все имущество он завещал своей сожительнице, крестьянке села Марьина, тоже уже немолодой женщине. Он умер. Завещание было утверждено, и Семенова вступила во владение на правах хозяйки. После переворота явился брат умершего с семьей, никогда раньше не бывавший в деревне, и заявил свои права на имущество покойного на том основании, что оно унаследовано ими от отца и неделеное. Кончилось дело тем, что при содействии деревенских властей Семеновой выдали на прожитье некоторое количество продуктов и выбросили из дома, отобрав от нее даже такую вещь, как векселя одного местного торговца на имя умершего.

"Власть была на местах", — сообщило мне в свое оправдание одно из действующих лиц этой истории. Понималась эта формула в том смысле, что местные власти могут безнаказанно творить решительно все, что только не придет им в голову.

Векселя находились в деле мирового судьи керенского периода и были получены оттуда одним из представителей деревенской власти по записке Семеновой, где значилось: "доверяю получить", то есть просто по доверенности. Семенова была безграмотна, записка была писана кем-то другим, и для меня было совершенно ясно, что она была вынуждена.

Ко дню заседания в совете, кроме Семеновой, явился какой-то неизвестный кудластый молодой человек с доверенностью от общества крестьян деревни такой-то, как оказалось впоследствиии, один из сподвижников брата умершего. Он был устранен, так как ни о каких интересах общества крестьян дело не шло, самое же дело было приостановлено производством до выяснения уголовной ответственности виновников самосуда, причем двое судей и я нашли необходимым арестовать всех принимавших участие в отобрании имущества Семеновой во избежание возможного сговора. Таковых оказалось семеро, и, к несчастью моему, трое или четверо были коммунистами. По каким-то обстоятельствам мой приказ об аресте не был исполнен своевременно, и только лишь после грозной бумаги их привели пешком по крепчайшему морозу за сорок с лишним верст. Я допрашивал их поодиночке и после допроса отпускал на свободу.

Однажды в мою комнату вошел молодой человек в хорошей поддевке и меховой шапке и чрезвычайно развязно потребовал отчета, почему не все арестованные по этому делу выпущены из-под ареста.

— А кто вы будете? — спросил я.

— Я коммунист.

— Это мне безразлично, коммунист вы или кадет. Я спрашиваю, состоите ли вы в каких-либо родственных или иных отношениях с арестованными.

— Я прислан местными коммунистами узнать о положении дела. Вот мой мандат.

— Позвольте его сюда, я приложу его к делу, но никаких сведений вам дать я не имею права, так как вы и ваши товарищи-коммунисты являетесь посторонними делу лицами.

Вследствие обилия материала, многочисленности действующих лиц и моей крайней занятости я не успел закончить составление обвинительного акта. Дело перешло в новый губернский совет народных судей и там, я не сомневаюсь, было затушено.

Теперь я иногда думаю, что они сделали с бедной Семеновой после того, как в силу моей предусмотрительности ничего не успели сделать со мною.

В качестве представителя совеста мне пришлось заведовать тюрьмой и конвойной командой. Все отправки в суды, свидания с заключенными, кроме числившихся за чрезвычайкой, производились по моему приказу. Новоторжская тюрьма содержалась в образцовом порядке. Не только камеры, но и кухня, баня, прачечная поразили меня своей чистотой, в особенности потому, что я рассчитывал встретить здесь нечто иное. Смотритель, служивший с дореволюционных времен, был большим формалистом, и именно это формальное отношение к своим обязанностям, думается мне, и спасало его на этом щекотливом посту. В делопроизводстве его был полный порядок, а этого было трудно достигнуть при том условии, что в тюрьму не препровождали, а просто сваливали всех арестованных все суды — без препроводительных бумаг, часто без указания даже установленного прозвания арестанта. Урегулировать это пришлось при помощи старого циркуляра.

Принимая в тюрьму, я обошел всех заключенных и спрашивал о причинах содержания, а также о желаниях. Никто из них не жаловался на администрацию, а между тем тюремная дисциплина была налицо.

В одной из камер я был удивлен, увидев священника, сидящего за евангелием. Мелькнула мысль, что это пленник чрезвычайки, и захотелось его подробно расспросить, но пришлось тотчас же осечься, когда на мой вопрос: "За что содержитесь, отец?" я услышал: "За самогонку".

Главное тюремное управление месяца через два после эвакуации комиссариата юстиции в Москву прибыло туда же и вошло в состав комиссариата в качестве отдела. Там изобиловали люди с серыми лицами и торчащими волосами. Они резко отличались от более или менее подтянутой публики комиссариата, и казалось, что на наши собрания (они помещались где-то отдельно от комиссариата) они появлялись прямо из тюрьмы. Их так и называли "тюремщиками".

Этот тюремный отдел слал председателям советов бумагу за бумагой, вызывавшие и смех, и возмущение. Церковь в тюрьме предписывалось уничтожить, предлагалось усилить медицинский надзор, ввести обучение всевозможным ремеслам, рекомендовалось улучшить пищу, устраивать лекции и собеседования — за отсутствием кредитов все это оказывалось пустым бумагомаранием. Ввиду усиления сыпнотифозной эпидемии предлагалось не увеличивать количества заключенных и по возможности освобождать из-под стражи. Таким образом сыпнотифозная эпидемия становилась смягчающим вину обстоятельством. На бумаге деятельность тюремного отдела была направлена к тому, чтобы поставить арестантов в привилегированное положение сравнительно с остальными гражданами, голодными, брошенными в водоворот революционных случайностей. На деле же получались ужасы Бутырской тюрьмы, вместо обучений и лекций не переводился сыпной тиф, и я могу себе представить состояние одного из свидетелей, фигурировавших в деле, пересланном мне из Твери по посудности, который был "арестован в качестве свидетеля", как это было изображено в протоколе, и просидел в тверской тюрьме около двух недель.

IV

В Торжке издавалась коммунистическая газетка, одна из "Правд" или "Известий". Ее безграмотные строки дышали ненавистью к зажиточным крестьянам, к интеллигенции, к буржуазии, к капиталистам, к империалистам, к кадетам, к эсдекам, эсерам, словом, ко всему миру. Спустя год после того, как помещики были изгнаны, привилегированные классы упразднены, люди умственного труда и специальных знаний подавлены, все еще продолжала хлестать через край вековая злоба униженных и оскорбленных. Она питалась сознанием собственного бессилия, и конца ей не предвиделось. В этой газете, между прочим, я встретил подпись Фомы Райляна, художника, известного издавна не собственными талантами, а циническими выпадами против Куинджи. Лучшего места, чем эта газетка, не мог найти Райлян для применения своих клеветнических способностей. Из этой-то газеты я узнал, что Панфилов отказался от председательствования в исполкоме и уехал из Торжка.

На меня это подействовало неприятно, так как я вступал уже в полосу конфликтов, а в Панфилове без всяких внешних данных, каким-то внутренним чутьем я угадывал симпатизирующего мне человека.

Эта существенная перемена в составе исполкома была особенно значительна для меня потому, что, опасаясь стать объектом наблюдений, я совершенно не посещал исполкома, не знал господствующих там настроений и потому не мог учитывать этого важного фактора при расчете последствий того или иного своего действия.

С уходом Панфилова стал председательствовать какой-то совершенно серый длинноволосый деревенский парнишка. Я видел его только мельком. Голованов, превратившийся из комиссара юстиции в заведующего отделом социального обеспечения, не играл уже существенной роли, и из всего исполкома я познакомился только с заведующим финансовым отделом Тумановым. Он произвел на меня отрицательное впечатление. Знакомство наше состоялось во время раскладки "революционного налога", распределенного центральной властью в общих суммах между столицами, губернскими городами и губерниями. Разверстывать по уездам, волостям и отдельным лицам должны были местные власти, руководствуясь указанием, что главным образом в деревнях облагаются кулаки, в незначительной степени середняки, а бедняки освобождаются от налога. Результатом действий местных властей была масса жалоб на неправильное выполнение разверстки. Зайдя в финансовый отдел справиться, скоро ли будут получены для совета задержавшиеся деньги, я застал Туманова рассуждающим на тему, что он не может не считать "кулаком" крестьянина, у которого имеется собственный дом, лошадь и корова.

"Интересно, кого он считает истинным сыном российской республики? — подумал я. — Того, кто имеет одни лишь рваные штаны".

Жалобы, по-видимому, имели много шансов оказаться справедливыми.

При таком положении вещей я был совершенно одинок в Торжке, и единственно, на что я мог опереться, была моя репутация человека со связями. Я намеревался пользоваться ею как орудием самозащиты.

Начало моих взаимоотношений с чрезвычайкой было вызвано ею. По упоминавшемуся уже делу первого участка, почему-то особенно интересовавшему ЧК, я получил новый запрос о положении дела. Я ответил, что ни судьи, ни совет не состоят в подчинении у чрезвычайной комиссии и что никакого вмешательства ее в течение судебных дел я не допущу. В низу ответной бумаги я пометил: "копии препровождаются в Новоторжский исполком и Тверской комиссариат юстиции". Таковые я действительно препроводил по назначению. Москву я решил беречь для экстренного случая. Этот эпизод никакого дальнейшего развития не получил.

После образования совета уголовная комиссия поторопилась спихнуть мне для хранения дела административного отдела. Они долго лежали в моей служебной комнате, ожидая составления точного реестра и сдачи в архив. Занявшись как-то их просмотром, я наткнулся на досье по делу Егорова. Я знал, что Егоров был одним из первых, расстрелянных ЧК, и заинтересовался делом. Оказалось, что Егоров, крестьянин, помнится, Марьинской волости, состоя комиссаром одного из имений, присвоил себе два мешка муки, был арестован ЧК, приговорен к расстрелу и расстрелян. Обстоятельства дела были такие: приговор был вынесен чрезвычайкой 31 мая и в тот же день сообщен исполнительному комитету. Исполнительный комитет в экстренном вечернем заседании постановил предоставить ЧК избрать для наказания Егорова любое суровое наказание, но расстрела не производить. По разносной книге исполкома я установил, что это определение исполкома было доставлено ЧК 1 июня, и, очевидно, в часы служебных занятий или во всяком случае до вечера, потому что исполком, несомненно, торопился, если созвал по этому делу экстренное заседание, и потому еще, что трудно предположить, чтобы курьер занимался разноской бумаги в позднее вечернее время. Между тем, это постановление исполкома было возвращено чрезвычайной комиссией через несколько дней с надписью на обратной стороне о том, что в ночь с 1 на 2 июня приговор приведен в исполнение. Таким образом, оказывалось установленным, что бумага исполкома была получена в ЧК в то время, когда Егоров еще был жив. Интереснее всего, что дата получения бумаги была дважды исправлена, и так неумело, что совершенно явственно выступала первоначальная цифра "1", исправленная затем на "2" и наконец — на "4". Егоров был расстрелян вопреки постановлению исполкома.

Несмотря на столь очевидную суть этого дела, нельзя было обвинять ЧК по существу ее действий, ибо к 1 июня 1918 года не было никаких постановлений советской власти, которые обязывали бы ЧК подчиняться постановлениям исполкома. С другой стороны, я не считал себя вправе оставить это дело, не дав ему никакого движения. Наиболее обоснованным обвинением могло быть обвинение в служебном подлоге, выразившемся в исправлении дат. Его я и поддерживал, перенося центр тяжести своей докладной записки на мотивировку, в которой постарался по возможности убедительно разъяснить, что подлог этот сделан из боязни ответственности за противозаконное лишение жизни. Если бы была отвергнута эта мотивировка по формальным соображениям, то подлог все-таки оставался во всей его силе. По этому делу из Твери приезжал следователь и уехал, забрав с собой дело.

Председателем ЧК в Торжке был некий Клюев. О его прошлом я ничего не знаю. Он выдавал себя за анархиста, может быть, для того, чтобы не быть связанным партийной дисциплиной и быть совершенно самостоятельным в своей деятельности. О подвигах его было много рассказов, но, придерживаясь только точно установленных фактов, воздерживаюсь от сообщения их. Несомненно же было то, что крови и вина в ЧК пролилось немало.

Приблизительно в середине ноября был получен секретный циркуляр Курского, которым предписывалось председателям советов наблюдать за общим положением юстиции в уезде, и в том числе за деятельностью чрезвычайных комиссий. Как раз в это время, назначая к слушанию дела 1-го участка, я наткнулся на дело, долго лежавшее без движения. Обвинялся некий Гаркуша в сбыте фальшивого рубля. Дело началось задолго до принятия мною участка, и неподвижность его объяснялась тем, что, по имевшемуся в деле сообщению начальника тюрьмы, Гаркуша был расстрелян как контрреволюционер. В деле же имелось и полное разъяснение этого странного происшествия. Гаркуша подал в суд бумагу, в которой объяснил, что однажды он ехал по Николаевской железной дороге и незадолго до станции Бологое в вагоне появилось несколько человек, которые стали осматривать и отбирать у пассажиров багаж. В Бологом для этой же цели появился железнодорожный отряд, который, узнав, что его предупредили, потребовал у обыскивавших удостоверение на право производить обыски. Главарь шайки предъявил мандат, который, однако, показался железнодорожникам подозрительным. Тогда он указал на несколько пассажиров, в том числе и на Гаркушу, которые будто бы могли подтвердить правильность этого мандата. Железнодорожники арестовали и обыскивавших, и пассажиров, на которых было указано, и отвели их сперва в местную тюрьму, а затем отправили в Москву, в Бутырскую, для установления личности. Главарем шайки оказался Клюев. В Бутырках он сидел вместе с Гаркушей и с каким-то фокусником, который для препровождения времени показывал фокусы с серебряным рублем. Этот рубль в конце концов остался у Гаркуши, вовсе и не подозревавшего, что рубль фальшивый. Для подтверждения всего изложенного Гаркуша просил допросить председателя чрезвычайной комисссии Клюева.

По наведенным мною справкам, Гаркуша был ночью взят из тюрьмы чекистами, после чего тут же у тюремной стенки его собственноручно убил из револьвера Клюев.

Многое из объяснений Гаркуши мне казалось не соответствующим действительности, но факт оставался фактом — человек обвинялся в сбыте фальшивого рубля (мировая подсудность прежнего времени), а расстрелян за контрреволюционность, которую он неизвестно каким образом мог проявить, сидя в тюрьме.

Мимо этого дела я также не мог пройти молча, хотя бы на основании упомянутого циркуляра Курского. Я написал докладную записку тверскому комиссару юстиции, в которой указывал, что в руках Клюева не может дальше оставаться жизнь и судьба граждан. Вскоре из Твери было затребовано досье по делу Гаркуши.

Одной из действующих сил в Торжке была местная фракция коммунистов, или иначе — "коммунистическая ячейка". Словцо, получившее после революции особые права гражданства. Не было, кажется ни одного собрания, где бы оно не употреблялось во всех падежах. Моему воображению "ячейка" представлялась скопищем копошащихся насекомых, и я искренне ненавидел ораторов, употреблявших это выражение.

По мере того как коммунизм въедался в государственное управление, партийная организация приобретала все большее значение и в конце концов превратилась в тот центральный пункт, где нужно было искать объяснения всего происходящего. Все пути сходились на ней. В управляющих органах всех учреждений большевики имели большинство и в служебной деятельности совершенно свободно проводили ту программу, которая заблаговременно вырабатывалась в партийных департаментах. Это была, да и есть по настоящее время, своеобразная звездная палата, где конспиративно, в малом кругу лиц решаются судьбы России и чрез ее провинциальные филиалы проводятся в жизнь по всем ее уголкам.

Если раньше, принимая во внимание, что программная сторона большевизма резко расходится с тактикой, можно было, не особенно греша совестью, утвердительно отвечать на обязательный пункт анкет: "сочувствуете ли вы советской платформе?" (без какового ответа нигде нельзя было оставаться на службе), то теперь была придумана новая западня для уловления душ. Устроена была организация "сочувствующих", где проводилась партийная дисциплина, устраивались доклады, обязательно посещаемые, и т.д. Отвертеться от этого нажима было чрезвычайно трудно, ибо в новейших анкетах вопросы были поставлены в такой хитроумной комбинации:

"Сочувствуете ли вы советской платформе?" Обязательным ответом для каждого желавшего получить службу было: "Сочувствую".

Следующий вопрос:

"Если сочувствуете, то состоите ли в организации "сочувствующих", и если не состоите, то почему?"

Второй вопрос как будто совершенно логически вытекал из первого. Раз сочувствуешь, то и иди в специально для сочувствующих устроенную организацию. На этом вопросе попадались многие. Большинство выставляло отговорки, могущие принести только лишь более или менее продолжительную отсрочку. Объясняли свою беспартийность или незнанием, что существует такая организация, или занятостью и т.п., кончилось это тем, что не знавших ознакомили, занятых приглашали пожаловать вечером, и в конце концов все назвавшиеся груздем должны были залезть в кузов.

В Торжке происходило все по указанной программе. Дошла очередь и до меня. На второй вопрос я ответил, что в организации "сочувствующих" не состою потому, что, по моему мнению, Россия еще слишком некультурна для какой-либо планомерной партийной жизни. Для иллюстрации такого взгляда у меня была заготовлена ссылка на убийство Мирбаха в Москве, за которое были арестованы и вообще поплатились рядовые эсеры, между тем как убийство было предпринято и организовано центральным комитетом партии за собственный риск и страх. Пустить ее в ход не пришлось, потому что меня оставили в покое.

В конечном результате эти меры привлечения в партию дали значительный прирост новых членов.

Зимою 18-19-го года Россия наполнилась воплем: "Все на сибирский фронт! Все против Колчака!"

Митинги следовали один за другим. Резолюции с отборной руганью сыпались как горох. Редиски*), захлебывавшиеся от восторга, повторяли расклеенное по Москве четверостишие:

"Собиралось ВЧКа
Уничтожить Колчака,
Но придется Колчаку
Уничтожить ВЧКу".

В Торжке опять зажужжали набившие оскомину словечки: империалисты, капиталисты и прочие жупелы революционного арсенала. В период осенней слякоти объявлен был сбор всех коммунистов уезда, причем в расклеенных по городу объявлениях значилось, что каждый явившийся на сбор должен запастись провиантом на три дня и явиться готовым к тому, чтобы немедленно быть погруженным в вагоны. Всего собралось человек двести-триста самой разношерстной компании. Тут были и мальчики, и бородачи в крестьянских полушубках и городских одеяниях того покроя, по которому в былое время деревня опознавала

*)Редисками назывались люди сверху красные, а в середине белые.

"стрекулистов". Этим сбором советская власть достигала двух целей — производила подсчет сил и проверяла состав партии для того, чтобы выбросить из ее рядов колеблющиеся и неискренние элементы, дрогнувшие перед перспективой отправки на фронт и не явившиеся на сбор.

Глядя на это послушное стадо, я старался и не мог понять психологии этих несчастных людей. Со стороны односельчан их преследовала ненависть, скрываемая, да и то не всегда, из боязни их мести. Со стороны партийного начальства их подвергали дисциплинарным взысканиям, возлагали в первую голову на них тяготы по проведению в жизнь коммунистических затей, мобилизовывали и отправляли на опостылевшие фронты, исключали из партии, ставя этим в положение, аналогичное тому, в котором в прежнее время оказывался сыщик, прогнанный со службы. Что они выгадывали от этого? При таких условиях партийного существования только безысходность деревенской страшной нужды могла загнать их в руки коммунистов. Мысль об идейных побуждениях с трудом приходила в голову и казалась нелепой при виде этих понурых фигур, унылых лиц, соединенных в одну скучную мелькающую цепь однообразным выражением написанного на них безразличия. Я смотрел на них, и откуда-то из дальнего уголка памяти вырастала забытая фраза: "Ничем же мучимы бывают, сами себе мучения творят". Откуда это? Не то Григорий Котошихин, не то какой-то греческий монах, путешествовавший по России и передававший свои впечатления от русской бани, где обнаженные славяне по доброй своей воле захлестывали себя до одурения распаренными вениками.

Председателем Новоторжской фракции коммунистов был глупый откормленный Ананьин. Недавний ученик новоторжского реального училища, он не сносил еще форменного пальто и только переставил пуговицы на штатские. Он был сыном местного зажиточного купца и домовладельца. Рассказывали, что вскоре после переворота он способствовал отцу и дяде скрыться куда-то "за пределы досягаемости". Может быть, и весь-то его коммунизм был только способом охраны родового имущества.

Он неизменно выступал на всех митингах, собраниях и т.п. и надоел всем до тошноты. Когда он появлялся на эстраде, его толстое, глупое, мальчишески лишенное растительности лицо мгновенно багровело не то от волнения, не то от конфуза, глаза превращались в щелки, уста с шумом выбрасывали отрывистые фразы, а правая рука безостановочно сгибалась в локте, коротким движением вздымая и опуская сжатый кулак. Новоторжские ораторы вообще не выдерживали критики. Однажды случился такой курьез. На собрании в память погибшей Розы Люксембург, происходившем в переполненном зале народного театра, говорил речь военный комиссар, описывая события, происходившие в Германии. На середине его речи я увидел, что он теряет мысль и безнадежно запутывается. Он, несомненно, чувствовал это и сам и решил отыграться на революционном пафосе. Ступив шаг вперед и театрально приподняв руки, дрожащим голосом он провозгласил: "И вот! Возмущенная толпа растерзала Розу Люксембург!"

В зале царствовало благоговейное молчание, и только несколько голов из первого ряда низко склонились для того, чтобы внимательно исследовать собственные манжеты.

Однажды я собирался уже уходить со службы, как мне подали пакет. Я вскрыл и, обозрев штамп, изображавший: "Новоторжская фракция коммунистов", прочел приблизительно следующее:

"Фракция уведомляет Вас, что на предстоящем уездном совете Вам предлагается доклад о деятельности совета народных судей по следующей программе".

Дальше следовали пункты программы, а затем значилось: "...в силу чего Вам надлежит явиться 17 декабря*) в 8 часов вечера в помещение фракции для представления выработанных Вами тезисов доклада".

Такая наглость взволновала меня до крайности. Я задержал канцелярию, велел снять две копии с уведомления и тут же отправил в исполком с просьбой уведомить меня, во-первых, действительно ли я должен сделать доклад, так как предписание фракции коммунистов по этому поводу не считаю для себя обязательным, а во-вторых, имеет ли право фракция коммунистов обязывать личной явкой председателя совета народных судей, и если имеет, то каким еще политическим организациям предоставлено это право и каким именно декретом советской власти. По заведенному мною обычаю внизу значилась приписка: "Копии отправлены тверскому губернскому комиссару юстиции". Таковые в действительности были препровождены ему.

До самого закрытия совета на рождественские праздники я никакого ответа не получил. Свою неявку на съезд я мог объяснить неполучением этого ответа, но это было бы политикой страуса, кроме того, после моей бумаги это могло быть объяснено боязнью скандала. Этого я не мог допустить. А скандал был более чем вероятен, ибо очевидно было, что фракция коммунистов предполагает играть не последнюю роль на этом съезде. Я решил идти на скандал.

Передавая теперь эти обстоятельства, по-видимому, незначительные, описывая поступки такие простые и естественные, припоминаю, как много гражданского мужества нужно было иметь, чтобы решиться на них в атмосфере бесконтрольного произвола и безнаказанных насилий.

Темой своего доклада я избрал преимущества постановки права помилования в народных судах сравнительно

---

*)Смутно припоминаю эту дату.

с порядком прежнего времени. Этот пункт был единственным, за который я, не греша против совести, мог похвалить советское законодательство.

В ноябре был опубликован декрет о суде №3. Силою его уездные советы упразднялись и создавались губернские советы народных судей, причем в одном из пунктов декрета было написано черным по белому, что выборы в совет производятся на общем собрании всех судей губернии.

Ко времени его обнародования я считал законченной свою миссию не только в Новоторжском уезде, но и во всей советской России. Меня тянуло туда, где шла борьба против коммунизма, где нарождалась или Вандея, или новая Россия. Узнать это и в последнем случае отыскать там свое место — становилось моей очередной задачей.

Вся моя деятельность конца 18-го и начала 19-го года сознательно была направлена к тому, чтобы напоследок не сбиться с принятого мною курса, а бессознательно к впитыванию в себя всего того, что происходило за советскими рубежами и к инстинктивному нащупыванию путей, ведущих в стан борцов за новую светлую Россию, как это мне тогда представлялось.

Создание губернского совета предполагалось к 1 января 1919 года, зная же волокиту и нераспорядительность советских учреждений, я не рассчитывал так скоро освободиться от своих обязанностей и считал, что еще добрую половину февраля мне придется повозиться с делами совета. На самом деле мне удалось сдать дела и отчеты только лишь в конце марта или начале апреля.

Уездный съезд состоялся на рождественских праздниках.

Большой зал исполкома был полон народа. На эстраде сидел президиум, у входов толпились не нашедшие себе места. Собрав все свое хладнокровие и приготовившись к неожиданностям и огорчениям всякого рода, я протискался через заднюю дверь и стал у эстрады. В президиуме мелькнуло знакомое лицо. Кто такой? Панфилов сидел на председательском месте. У меня сразу полегчало на душе, и почему-то совсем уже спокойно я стал знакомиться с обстановкой и со всем происходящим. Сбоку на эстраде за отдельным столиком сидел Ананьин. Лицо его было красно, столик завален бумагами. Он сильно напоминал судебного пристава прежнего времени на уголовных сессиях суда. Когда начинались прения после каждого доклада и речь оратора клонилась к нежелательным для исполкома выводам, Ананьин, хлопнув рукой по бумагам и немного приподнявшись, подавал реплики, неизменно начинавшиеся со слов "по постановлению новоторжской фракции коммунистов..." и оповещавшие, что вопрос этот во фракции уже разрешен вот так-то. Когда один из ораторов, не вняв этому предостережению, заявил, что они в крайнем случае могут и в набат ударить, Ананьин, хлопнув рукой несколько громче обыкновенного, заявил, что "по постановлению новоторжской фракции коммунистов вопрос этот снимается с обсуждения". Меня дергало за язык спросить, когда состоялось это постановление — в тот момент, когда он его произносил или раньше? Подумав, я решил не дразнить гусей.

Доклады были бесцветные. С фактами обращались бесцеремонно, делая из них выводы или несоответственные, или прямо противоположные их истинному значению. Из докладчиков меня заинтересовал только представитель ЧК. Это был совсем молодой мальчик лет 18-19. Черные глянцевитые густые волосы, тонкое красивое лицо, едва пробивающиеся черным пушком усы, большие выпуклые черные глаза, со спокойным вызовом озирающие зал. Он был очень красив, это рожденный революцией гражданин. Мне казалось, что стоит его нарядить в картинный архалук старорусского покроя, надеть бархатные красные штаны да желтые высокие сапоги с мягкой подошвой, заломить над собольими бровями бобровую шапку, посадить на удалого коня с собачьей головой на груди и метлой у седла — и встанет перед вами живой, без отметины, Афонька Вяземский или Федька Басманов.

"Да, — думалось мне, — как в былое время, так и теперь в России сколько хочешь людей достаточно глупых и достаточно подлых для того, чтобы поддерживать какое угодно правительство".

— Доклад председателя совета народных судей, — возглашает Панфилов. Я направляюсь к кафедре, и мне становится ясным, что в атмосфере этой жары, бесконечных долгих докладов, затягивающихся прений и общего утомления нападения на меня не будет, если я сам не вызову его какой-нибудь резкостью.

В течение десяти минут я рассказывал об упраздненной комиссии по принятию прошений, об обязательном пути подававшихся туда бумаг, о постановке этого вопроса в народных судах. Приводил примеры старые — из истории суда с присяжными заседателями, который с трудом отвоевал себе право выносить оправдательный приговор в случаях сознания подсудимого в совершении инкриминируемого ему деяния, новые — из практики народных судов. Подчеркнул необходимость поднять суды на чрезвычайную высоту ввиду наблюдающегося нарастания преступности.

На эстраде раздаются хлопки, я оборачиваюсь будто для поклона. Аплодируют Панфилов и Голованов. Из остальных членов президиума каждый занят своим делом. В зале несколько простаков поддерживают аплодисменты. Я выпихиваюсь из залы и устремляюсь домой. По дороге успеваю узнать, что Панфилов приехал в Торжок на несколько дней.

Вскоре после рождества я получил из тверского комиссариата юстиции предложение, подписанное не Козыревым, уведомить судей о предстоящем губернском съезде судей, на который должны явиться все судьи-коммунисты. Я не сомневался, что дело идет о том губернском съезде, на котором должен быть избран судейский персонал совета, и что собрание это хотят провести в нарушение прямого смысла декрета, созвав не всех судей губернии, а только лишь судей-коммунистов. Я научился уже читать мысли, хоронящиеся между строками коммунистических бумаг, и понимал спрятанную там оговорку: "Предписывать мы можем только партийным судьям-коммунистам, остальных мы можем только оповестить. Считаем, что это было сделано, раз о съезде был осведомлен председатель совета".

Я не хотел оставить им в распоряжение эту отговорку и послал телеграмму с просьбой их уведомить, все ли судьи должны явиться на съезд согласно декрету или только судьи-коммунисты. Накануне дня, назначенного для отъезда судей-коммунистов в Тверь, я созвал собрание всех уездных судей.

В полученном ответе значилось: "В отношении № такой-то от указанного числа ясно указано, что прибыть должны судьи-коммунисты". Подпись опять не Козырева.

На собрании своих судей я рассказал об этих обстоятельствах, высказал свой взгляд, что совершается нарушение прямого смысла декрета и что выборы совета, если таковые произойдут, не могут считаться законными, и предложил послать протестующую телеграмму в Тверь, а копию в Москву в комиссариат юстиции. К этому присоединились все судьи. Новоторжский уезд оказался не единственным протестантом, аналогичные телеграммы были получены Тверью еще из двух уездов. Их постановили "принять к сведению", а совет все-таки выбрали.

Вскоре исполком постановил произвести перевыборы судей, и я услышал юмористический рассказ о том, как меня выбирали. Выборы производились исполкомом из числа представленных ему кандидатов. Оказывается, две наиболее серьезные профессиональные организации выставили меня своим первым кандидатом, не только не спросив моего согласия, но даже не уведомив меня об этом. С меня и началась баллотировка. Как только была названа моя фамилия, тотчас же раздались протесты. Один из членов исполкома в горячей речи утверждал, что я бывший прокурор, что на заседаниях совета пахнет старым режимом (одно гражданское дело в первом участке было разрешено против него, причем во время прения я дважды просил его держаться ближе к существу дела, а когда он вступил в спор со мною, пригрозил, что лишу его слова) и что таких судей им не нужно. Его поддержали несколько членов исполкома. Только один военный комиссар заявил, что он считал бы меня подходящим судьей, несмотря даже на то, что я как-то странно объясняю принципы народовластия. Моя кандидатура с треском провалилась. Когда затем проходили по списку кандидатов, фамилия каждого нежелательного кандидата вызывала возгласы: "Опять Майер!", "Еще один Майер!" и т.д.

Я много смеялся этому рассказу, но вывел из него два серьезных заключения: во-первых, что работа моя не пропала даром, если некоторые из судей были оскорбляемы установлением между ними и мною на выборах полной идентичности, во-вторых же, что мне следует уезжать из Торжка и как можно скорее.

Я угадывал источник версии о моем бывшем прокурорстве. Готовилось всплыть дело Семеновой из Медновской волости. Мне несколько раз мелькнули в глаза на улицах Торжка физиономии арестованных коммунистов, на которых было написано, что они не забыли прогулки по морозу и тюремное сидение. Я живо представлял себе, в какой мере им приятно было бы отплатить мне тем же. Если раньше меня не так-то легко было проглотить в качестве председателя совета, то теперь, после упразднения этой должности, забаллотирования в судьи и возвращения моего в первобытное состояние, ничего не могло быть легче. Я решил не только уезжать, но и заметать следы.

Форсировав сдачу дел и отчетности по совету и участку, я решил сперва побыть в деревне, а затем ехать в Петербург.

В день отъезда, когда я уже таскал вещи на тарантас, ко мне явился милиционер с повесткой, приглашавшей меня явиться на следующий день в управление милиции. Причина вызова не была указана, и милиционер отговаривался незнанием. Я отказался принять повестку, угостил милиционера папиросой, дал карандаш и попросил его написать на повестке, что таковая не вручена за временным выбытием моим из Торжка, обещав, что, вернувшись через неделю, я сам зайду в милицию. Когда через две недели я остановился на несколько часов в Торжке, чтобы пересесть на железную дорогу, мне немедленно была вручена повестка с приглашением на 12 часов следующего дня. За моим прибытием в Торжок, очевидно, следили. Никакого обоснованного обвинения ко мне предъявить было невозможно. Но история Гаркуши, арестованного за фальшивый рубль и расстрелянного за контрреволюцию, могла повториться с большой легкостью.

Для приискания повода к аресту нужно было только припомнить, что на мои боевые бумаги в ЧК и исполком ответ мною еще не был получен. К тому же месяца два тому назад у меня таинственно исчез браунинг, спрятанный моими домашними во время моего отсутствия из боязни обыска в банку с солью. Право хранения оружия предоставлялось только коммунистам.

В 12 часов следующего дня я сидел в вагоне и с тревогой ждал третьего звонка.

То, что переживает деревня, в такой степени глубоко, что кратковременность моего пребывания, может быть, недостаточна для того, чтобы дать и прогноз соответствующей глубины. Говоря о русской деревне, нельзя проводить аналогии с прошлым, нельзя оценивать ее настоящее — можно только угадывать ее будущее. Это будущее стоит в неразрывной связи с положительной стороной всего пережитого и переживаемого Россией с 27 февраля 1917 года. Пусть нам — современникам — события последнего пятилетия покажутся покрытыми одной только черной краской — на самом деле это неверно. Как на палитре художника, так и в жизни абсолютно черного цвета не существует. И несмотря на мрачные кошмары коммунизма, несмотря на все ужасы переживаемого лихолетья, бессмысленно было бы утверждать, что плюсовой стороны во всех испытаниях России нет. Только одно колесо не знает обратного движения — это колесо жизни. Самое худшее, что может сделать оно, — это остановиться, и тогда наступит смерть. До той же поры, покуда движется оно, какими бы запутанными зигзагами ни обозначался его путь, движение его все-таки поступательное.

За последние годы русская деревня пережила два потрясающих момента, каждый из которых имеет неисчерпаемое историческое значение, предопределяя в долготу веков судьбы русского крестьянства. Первым моментом явилось получение сверх той земли, которая была у крестьянина, и всей остальной; вторым — отнятие из его обладания не только вновь приобретенной, но и вообще всей земли, в том числе и той, которая у него была раньше, произведенное коммунизмом. Крестьянин любит и тело, и душу земли. Во всем ее комплексе земля — стародавняя крестьянская мечта. И в тот момент, когда он, распаленный близостью супружества с этой невестой, добытой им веками терпения, необъятным страданием, ценою преступлений, садится за свадебный пир — злодей Черномор похитил у невесты ее душу. Крестьянину досталось одно лишь национализированное тело, неспособное на взаимность, на одну четверть его, на три четверти чужое.

Можно сказать с уверенностью, что медовый месяц еще предстоит крестьянству и что он не уступит его ни коммунизму, ни кому-нибудь другому.

Эти два момента разбудили русское крестьянство для долгого деятельного дня. Сфинкс собирается заговорить, и слово его будет слышно всему миру.

Все, что сказано о России или будет сказано, все, что сделано или будет сделано, что не опирается на эти взаимоотношения крестьянина с землею, будет носить характер придуманного, головного, не затронет глубин крестьянской жизни и скользнет по России как нож по стеклу.

Пройдет десяток лет. Голод, антропофагия и все ужасы русской деревни, которые теперь бьют нам в глаза и заставляют трепетать наши нервы, затушуются, получат значение эпизодическое. Все, что относится к области взаимоотношений крестьянства с землей, имеет уже и теперь значение историческое.

---

12 августа я сел в вагон на московском вокзале и с того момента катился все южнее и южнее.

После деникинской эпопеи, после зрелища грузинского национального имитаторства, я превратился в эмигранта.

Хорошо ли я сделал? Говорят, что эмиграция будто бы разлагается, что иначе будто бы и быть не может, ибо явление это основано на неправильно понятом долге перед родиной, что каждый русский должен разделить участь России, оставаясь в России. Эта мысль, к сожалению, не нова. Руководствуясь ею, остался и погиб в России Овсянико-Куликовский. Мне чувствуется, что, кроме того профессионального авантюризма духа, который не может не быть свойственен в большей или меньшей степени каждому художнику, именно эта мысль удерживала в России погибшего Александра Блока. Она не могла быть чужда умершему Короленко. Далее, я не могу себе представить, чтобы, например, Брусилов искренне стремился к насаждению мирового коммунизма, и думаю, что именно я понимаю правильно двусмысленные слова Слащева-

Крымского, сказанные им в Константинополе перед отъездом в Россию: "Я еду защищать честь России".

Более чем вероятно, что много людей честной мысли и честных действий и посейчас переносят в России голод, холод, эпидемии и нестерпимый нравственный гнет из желания не отделяться от России и переносить все выпавшее ей на долю, веруя, что "претерпевший до конца, той спасен будет".

Нельзя не воздать должного твердости их духа, нельзя не преклониться перед тяжестью взятого ими на себя подвига, нельзя не почтить светлую память погибших за свою идею.

И даже спор о том, кто больше прав — они или мы — не следует начинать, потому что всякий прав по-своему.

...И кажется мне, что правы также и те, кто вместо того, чтобы скорбной мыслью, болящей душой охранять оставшиеся в России попираемые крупицы человеческой культуры, которая в конце концов победит кровавый бред коммунизма, вместо того, чтобы ценою собственной крови пассивно сопротивляться развитию бацилл страшной эпидемии, предпочитают бежать на незараженную еще территорию искать прививку против бедствия, готовящегося посетить весь мир.

А.Клингер

СОЛОВЕЦКАЯ КАТОРГА

Записки бежавшего

"Архив русской революции", т. XIX, 1928.

ПРЕДИСЛОВИЕ АВТОРА

Целью предания гласности своих записок о Соловецкой каторге автор считает ознакомление общественного мнения всех стран с действительной картиной быта и режима в так называемых "местах заключения особого назначения".

Советской властью слишком явно замалчивается самый факт существования советских тюрем этой категории, даже формально изъятых из ведения общего тюремного управления.

Это обстоятельство настойчиво требует исчерпывающего описания настоящего положения заключенных русских и иностранцев в соловецких лагерях особого назначения.

В течение своего трехлетнего пребывания на Соловках автор имел широкую возможность сделать всесторонние наблюдения в этой области.

Соловецкие лагеря прежде всего возбуждают интерес в качестве учреждения, характеризующего советский режим в наиболее его неприкрытом виде — в тюрьме. Однако одним этим интерес к лагерям не исчерпывается.

Общие условия существования соловецких лагерей, самое их местоположение на абсолютно изолированных островах Белого моря придают им некоторый специфический по сравнению с обычными тюрьмами характер. Полнейшая оторванность заключенных от внешнего мира, ничем не ограничиваемый произвол ГПУ, попытки тюремной администрации эксплуатацией труда заключенных достичь чуть ли не самоокупаемости лагерей — все это ставит Соловки в совершенно особое положение.

Наконец, применительно к соловецким лагерям невольно возникает вопрос об основной задаче, преследуемой вообще советскими местами заключений. Так как, по коммунистической программе, "преступление есть социальная болезнь, требующая лечения", большевиками в области тюремного дела провозглашен принцип "замены тюрем воспитательными учреждениями".

Сам автор считает соловецкую в частности, а всесоветскую в целом действительность слишком циничным издевательством над коммунистической идеологией, чтобы останавливаться на кричащем противоречии между словами советских программ и делами советских рук. Автор рассчитывает, что все окончательные выводы будут сделаны читателями на основании приведенных им в этих записках голых фактов.

А.Клингер

Гельсингфорс, 1926 г.

I

С оставлением севера России русской антибольшевистской армией генерала Миллера и помогавшими ей английскими отрядами была сыграна в истории православной церкви и культуры роль знаменитого Соловецкого монастыря, расположенного на крайнем севере некогда могучей империи. Весь Соловецкий архипелаг (в составе островов Большого Соловецкого, Анзерского, Большой и Малой Муксульмы, Большого и Малого Заячьего и ряда более мелких) вошел в состав "российской социалистической федеративной советской республики".

Соловецкий монастырь, основанный в 1436 году русскими святыми Савватием, Германом и Зосимой, издавна славился не только аскетической строгостью своей внутренней жизни (так, например, ни одной женщине не разрешалось приезжать в обитель), но и огромным, широко поставленным и опытными руками руководимым хозяйством, заводами, мастерскими, лесопилками, рыбными ловлями, даже собственным торговым и военным флотом, причем все это обслуживалось исключительно монахами. Естественно, монастырские богатства сразу же привлекли к себе внимание советских властей.

Первоначально Соловки вместе с монастырем перешли в ведение архангельского "губземотдела" (губернского земельного отдела). В ту пору коммунисты увлекались беспорядочным насаждением по всей России так называемых "сельхозов" (сельских хозяйств). Национализированные имения, частновладельческие и государственные, монастырские и удельные земли, леса и заводы — все это было переименовано в "сельхозы", эксплуатировалось самим государством при помощи особых крестьянских или рабочих артелей. Эта аграрная реформа, как и все другие реформы советской власти, оказалась грандиозным блефом и очень скоро привела к тому, что, прикрываемые государством, "сельхозы" превратились в очаги бесконтрольного расходования, а зачастую и откровенного грабежа брошенного на произвол судьбы народного достояния.

Архангельский губземотдел не смог справиться с обширным монастырским хозяйством, некогда руководимым одним игуменом соловецкой обители. Еще несколько лет тому назад дававший значительную прибыль продуктами своих производств, Соловецкий монастырь в советских руках вдруг стал непосильно убыточным, и архангельский губземотдел сообщил комиссариату земледелия, что губземотдел не имеет больше средств "содержать монастырь", а потому просит устроить в нем "показательное хозяйство" с подчинением монастыря непосредственно Москве. Центр очень долго в специальных комиссиях обсуждал выгоды этого предложения и в конце концов согласился принять Соловки под свою высокую руку. Многострадальный монастырь перенес еще одну "аграрную операцию", став "советским образцовым хозяйством".

"Образцовое" ведение хозяйства заключалось в следующем. Назначенный комиссариатом земледения заведующим Соловками коммунист Александровский (из рабочих), имевший тесные связи с небезызвестным Шлихтером и большую протекцию во ВЦИКе (Всероссийском центральном исполнительном комитете), совершенно разрушил монастырское хозяйство. Администрация крала что хотела и сколько хотела. Отчитываясь только перед Шлихтером, которого заинтересовал денежно, Александровский вывозил из монастыря лес, рыбу, старые запасы монастырских продуктов, машины, церковную утварь, предметы старины, руководствуясь очень удобным принципом коммунистической власти — "грабь награбленное". В довершение всего в конце 1922 и начале 1923 годов монастырь стал жертвой огня.

Когда по совершенно неизвестной причине вспыхнул пожар, Александровский с ближайшими помощниками стал прежде всего спасать никому ненужную рухлядь — мешки, старые сани, дрова. Канцелярия с книгами и документами "образцового хозяйства" была брошена на произвол судьбы, вся отчетность сгорела. Нет никаких сомнений в том, что монастырь был подожжен сами же Александровским, дабы скрыть свои должностные преступления, подлоги в книгах и бесконтрольный грабеж. В то время еще не изгнанные монахи умоляли разрешить им принять участие в тушении пожара — Александровский силой разогнал монахов, заявив, что они "вносят лишнюю панику". Сгорела значительно разворованная уже библиотека монастыря неоценимого исторического значения, сгорели все деревянные постройки, выгорели внутренние помещения церквей и монашеских келий.

Столь "образцовое" ведение хозяйства показалось подозрительным даже ГПУ. Была образована следственная комиссия по расследованию причин пожара, который почему-то прежде всего уничтожил канцелярию Александровского. Следственная комиссия (в составе начальника архангельского губернского ГПУ Стулитова и помощника прокурора того же ГПУ Абрамовского) не нашла состава преступления в том, что насквозь было пропитано преступностью!

Вероятно, хозяйственные эксперименты товарища Александровского и протежировавшего ему Шлихтера продолжались бы и по сию пору, если бы Дзержинскому не пришла в голову мысль устроить в Соловках тюрьму для политических "преступников", врагов советской власти. Отдаленность от материка, крайняя скудость природы и убийственный климат — вот те условия, которые и показались главчекисту как нельзя более подходящими для заключение "контрреволюционеров", и московское ГПУ вошло во ВЦИК с ходатайством о "безвозмездном отчуждении в ведение ГПУ всего Соловецкого архипелага с монастырем, со всем находящимся на островах имуществом и постройками для организации дома заключения". К ходатайству был приложен совершенно фантастический план "поднятия и использования монастырского хозяйства силами заключенных". Раздутая до пределов перспектива не только изолировать всех "контрреволюционеров" от прочих граждан, но и извлечь выгоду из их подневольного труда ослепила всю коммунистическую партию. Соловки были переданы в полное владение Дзержинскому. Многострадальный монастырь вступил в последнюю стадию своего советского развития, превратился в главную тюрьму "самого свободного в мире государства" — советской социалистической республики.

Так называемое ГПУ ("Госполитуправление" — государственное политическое управление) в общей структуре советской власти стоит совершенно особняком. В свою очередь, так называемый "специальный отдел ГПУ", ведающий специально Соловками, концентрационными лагерями и изоляторами на Урале, в Сибири, Архангельске, ссылкой в Нарымский, Печерский края и пр., — представляет собой некое царство в царстве. Специальный отдел совершенно изъят из ведения "наркомюста" (народного комиссариата юстиции). Так называемый "Исправительный трудовой кодекс", регламентирующий правила использования труда советских заключенных и хотя бы в некоторой степени защищающий их от произвола тюремной администрации, — на арестантов Специального отдела ГПУ не распространяется. Наконец, никакая амнистия советской власти по декрету не может быть применена к осужденным Специальным отделом ГПУ. Все это, понятно, отдает всех соловецких и иных заключенных в полную и совершенно бесконтрольную власть Специального отдела, использующего во всей широте свои чекистские права.

Во главе Специального отдела и всех подчиненных ему мест заключения, изоляторов и ссылок стоит известный коммунист, член ВЦИК и президиума ГПУ Петр Бокий. Он бывший студент Петроградского горного института. Во время революции 1905-1906 годов Бокий занимал видное место среди петроградских бунтовщиков, вел революционно настроенное меньшинство студентов на баррикады и пр. Вступив сейчас же после октябрьского переворота в коммунистическую партию, был несколько лет председателем петроградской губернской чрезвычайной комиссии (ЧК), а потом ГПУ, известен своей неумолимой жестокостью. Живет председатель Специального отдела в Москве, периодически наезжая в руководимые им тюрьмы и места ссылки.

Как только комиссия от ГПУ явилась в Соловецкий монастырь для организации в нем "дома заключения", она потребовала списки всех монахов: последние всеми правдами и неправдами до последнего дня из родного им монастыря не уходили, перенося все ужасы и издевательства беспрерывно сменяющих "аграрных" властей. ГПУ сразу же уничтожило этот "рассадник опиума для народа", как называют коммунисты религию. Настоятель обители и наиболее видные лица из соловецкого духовенства были расстреляны в монастырском Кремле, остальных монахов чекисты послали на принудительные работы в тюрьмы центральной России, Донецкого бассейна и Сибири, и лишь небольшой процент братии (около 30 человек) с разрешения ГПУ остались на Соловках. Разумеется, это нельзя рассматривать как акт гуманности ГПУ: последнее просто нуждалось в "спецах" (рыбаках, плотниках, сапожниках и пр.). Эти тридцать монахов на жизнь свою в превращенном в тюрьму монастыре смотрели и смотрят как на продолжение своего подвига служения Богу. Считаются они "вольнонаемными", работают с утра до ночи, получая за свой каторжный труд жалованье в размере не свыше 10 рублей (около 5 долларов) в месяц, то есть медленно умирая с голоду.

ГПУ лишило Соловецкий монастырь последних признаков того, чем он был когда-то. Ценнейшая историческая библиотека, как я уже упоминал выше, сгорела вследствие поджога монастыря Александровским. Были сорваны со стен и уничтожены последние иконы, сброшены с колоколен колокола, разгромлены ризницы, перебита церковная утварь. Даже многие могильные кресты (Соловки богаты старинными крестами и памятниками) были вырваны из земли и употреблены на дрова, хотя лесу на островах сколько угодно. Разрушение этого некогда высококультурного уголка было произведено столь основательно, что когда в монастырь прибыла из Москвы особая "археологическая комиссия", она смогла вывезти в музеи лишь жалкие остатки соловецких древностей. Характерная особенность: перед прибытием комиссии чекистские культуртрегеры спешно реставрировали ими же разрушенные кресты, вкапывали в землю взамен старых новые могильные памятники, выкрасив их в красную краску. Довольно яркий штрих "культурной" работы советской власти!

Одновременно с превращением монастыря в так называемый СЛОН (северный лагерь особого назначения) туда были перевезены жалкие остатки почему-либо не расстрелянных или не умерших от голода заключенных из лагерей в Архангельске, Холмогорах и Портаминске. Над седыми стенами древней обители взвился кровавый советский флаг. В разграбленном, полусожженом Кремле поселился "начуслон" (начальник управления северными лагерями особого назначения), непререкаемый властитель Соловков и их филиалов — концентрационного лагеря на Поповом острове (близ города Кемь), лагеря на Кондострое (верстах в пятнадцати от Попова острова) и всех мест заключения на Соловецком архипелаге.

Посвящая следующую главу описанию природных и бытовых условий жизни на Соловках, я считаю необходимым теперь же остановиться на характернейшей черте бытия соловецких "домов заключения": являясь по существу обычной тюрьмой для политических и, частично, уголовных преступников, выполняя чисто карательные функции, будучи завершительным звеном борьбы "рабоче-крестьянской" власти с врагами советов, борьбы, руководимой и официально вдохновляемой народным комиссариатом юстиции, СЛОН не только не подчинен руководящей юридической инстанции — наркомюсту, — но и резко враждебен ему. В Соловках царь и бог — только

ГПУ. Ревниво охраняя свое захватное право, ГПУ оберегает лагеря от какого бы то ни было, даже законного, вмешательства народного комиссариата юстиции.

Не только местная, Архангельская и Кемская, прокуратура, но и прокуратура центральная, московская, Дзержинским и Бокием в Соловки не допускается. Специальный отдел и Соловки имеют собственных прокуроров, абсолютно независимых от наркомюста и ему не подчиняющихся.

Пример: советское правительство прислало в город Кемь особого прокурора для наблюдения за Кемским лагерем (на Поповом острове); по требованию "начуслона" он был отозван обратно в Москву. Назначенного на ту же должность Кемского прокурора, числящегося по службе в комиссариате юстиции, по распоряжению Бокия просто не пустили на Попов остров.

В прошлом году в Архангельск прибыла из Москвы особая комиссия по "амнистии" (в ознаменование переименования РСФСР в СССР): ее наместник Бокия на островах, Ногтев, не пустил в лагеря.

Полная диктатура ГПУ достигла таких высот, что не только наркомюст, но и наркомвоен (народный комиссариат военных дел) вынужден был покорно склонить голову перед всесильным Дзержинским. В Соловках охрану несет так называемый Соловецкий полк особого назначения, разбросанный по всему монастырю и по скитам (всего 600 винтовок). В военном отношении полк, вполне понятно, был подчинен ближайшей высшей военной власти — Петроградскому военному округу (известному Гитису, недавно смещенному за "контрреволюцию" и противодействие ГПУ). Однако уже с 1923 года Бокий и Ногтев требовали подчинения Соловецкого полка особого назначения и в военном отношении — только ГПУ. Петроградский округ не соглашался с этой явной несообразностью, чекисты настаивали. Дело разрешилось чуть ли не бунтом; в 1924 году ГПУ приказало командиру полка Лыкову и комиссару Кукину немедленно сдать командование частью, те отказались, ссылаясь на распоряжение своего начальства. Ногтев протелеграфировал в Москву. Бокий ответил кратко: "Арестовать, предать суду". И невозможное в других странах стало возможным в СССР: гражданское ведомство арестовало и предало суду военных, "провинившихся" в том, что они выполнили категорический приказ своего начальства. Сместив Лыкова (впоследствии переведенного в качестве заключенного в Кемь) и Кукина, комендант Соловков Ауке заявил:

— Мы в порядке следственном от ГПУ имеем право смещать командный состав!

Петроградский военный округ пытался было защитить свои права и прислал в Соловки своих представителей для разбора дела. Однако, встретив недвусмысленные угрозы агентов ГПУ, комиссия военного округа признала действия Бокия, Ногтева и Ауке — правильными!

Если слово любого чекиста — закон даже для высокопоставленных коммунистов, то какую силу, какое право, какой закон могут противопоставить заключенные неописуемому произволу ГПУ? Сила на стороне чекистов, право давно уже уничтожено в СССР, а законы для ГПУ не писаны.

Обычно в Соловки посылаются выселяемые из той или иной местности в административном порядке (при НКВД — народном комиссариате внутренних дел существует особая Комиссия по административных высылкам), без какого бы то ни было суда. Но стоит самому маленькому чекисту усмотреть "контрреволюцию" в деле, подведомственном органам наркомюста, — народном суде или ревтрибунале, — подозреваемый в этой "контрреволюции", даже уже оправданный соответствующими судебными учреждениями, также попадает в Соловки с санцией ГПУ.

Первое время в лагерях было некоторое число заключенных, осужденных судами наркомюста, ныне же они механически попали под власть ГПУ со всеми вытекающими отсюда последствиями. Заключенные этой категории вот уже несколько лет напрасно добиваются перевода их во внутренние тюрьмы России, где режим несравненно легче и откуда можно, хотя и не без труда, освободиться.

Абсолютно неправильно толкование северных лагерей особого назначения как вольного поселения. Я свыше трех лет пробыл в Соловках и категорически утверждаю, что с ссылкой на поселение они не имеют ничего общего. В Соловках — заключенные, а не ссыльные. Разве ссыльные несут принудительные работы, живут в тюрьме, при каторжном режиме?

В тюрьмах внутренней России лица, отсидевшие $^1/_2$ срока своего наказания, имеют право хлопотать о досрочном своем освобождении. В Соловках и отсидевших свой срок полностью редко освобождают.

С уменьшением срока наказания положение соловецкого заключенного осложняется, режим отягчается, администрация делает все, чтобы на более продолжительное время — если не навсегда — оставить каждого заключенного в своих не знающих пощады руках.

II

Соловецкий архипелаг расположен на крайнем севере России, со всех сторон окружен морем (Белым). Десятки верст отделяют его от берегов (Карельского, "Летнего берега" с городом Архангельском и Онежской губы с городом Онегой). Зимой острова совершенно отрезаны от внешнего мира: море замерзает. Связь поддерживается лишь радиостанцией (на соловецком маяке, у знаменитого места пыток — у Секировой горы).

Климатические условия Соловков крайне тяжелы, в зимнее время морозы доходят зачастую до 40-45 градусов. Достаточно указать, что средняя температура на Соловках никогда не поднимается выше минус 2. Зимой то и дело снежные заносы, бураны, весной, летом и осенью — сильные северо-восточные ветры и дожди. Периодические дожди и очень короткое лето способствуют почти непереносимой сырости, а последняя вызывает малярию, цингу и туберкулез. Почти ежедневно острова заволакиваются туманом.

По внешнему своему виду Соловецкий архипелаг очень напоминает Финляндию: такие же шхеры, скаты ледникового образования, масса озер (из них главные — Святое озеро, Пертозеро, Херозеро и др.). Особенностью Соловков является обилие болот и топей; в болотах гнездятся тучи ядовитых мух и комаров, приносящих заключенным страшные мучения.

Некогда весь Соловецкий остров был сплошь покрыт лесами. Монахи всемерно сохраняли лес, что видно хотя бы из того, что печи в монастырях и в скитах топились исключительно бревнами, прибиваемыми к берегу морем. С водворением в Кремль Управления северными лагерями особого назначения началась хищническая вырубка леса, бессистемное использование его для местных нужд и для вывоза. Соловецкие берега теперь совершенно оголены; ветры разрушают остальное. Были попытки спасти соловецкие леса: так, в прошлом году архангельский губземотдел (губернский земельный отдел) указал Ногтеву на преступное ведение им лесного хозяйства, пытался послать на остров особую комиссию из опытных лесничих. ГПУ ответило (буквально): "Просим не в свое дело не вмешиваться".

Раньше монахи энергично осушали болота, проводили каналы между озерами, проламывали в горах дороги, сооружали мосты и насыпи. Теперь все это давно уже приостановлено. Мосты и дороги приходят в негодность, болота совершенно не дают сена, хотя в прошлом этим сеном питались огромные монастырские стада.

Несмотря на неблагоприятные климатические условия, раньше все удобные соловецкие земли засевались овсом, рожью. Славившиеся своим трудолюбием монахи, побеждая природу, выращивали в скудной соловецкой земле разнообразные овощи. Теперь в Соловках огородничество ограничивается лишь 10-12 пудами картофеля, да и это поручено тем тридцати монахам, о которых я упоминал в первой главе. Земледелие же совсем заглохло.

Входящий в состав Соловецкого архипелага Анзерский остров находится в пяти приблизительно верстах от Большого Соловецкого с находящимся на нем монастырем, остров Большая Муксульма — в двух верстах от Соловецкого. Оба эти острова соединены с монастырем широкой каменной дамбой, проложенной по дну моря (над сооружением дамб монахи трудились около двадцати лет). Остров Малый Муксульм расположен в полуверсте от Соловецкого, Большой и Малый Заячий — в двух верстах, Кондостров верстах в шестидесяти, на таком же расстоянии от монастыря находится и Попов остров, с кемским концентрационном лагерем (близ города Кемь), также подчиненным начуслону. Между Соловками и Поповым островом находится остров Рымбаки, на нем — маяк и склады.

Большой Соловецкий остров имеет в окружности приблизительно около 70-80 верст. На южном его берегу находится главная гавань, почти четырехугольной формы, с большими трудностями и затратами устроенная несколько десятков лет тому назад. Слева высится трехэтажное каменное здание Управления северными лагерями особого назначения (бывшая лучшая гостиница для посещавших монастырь богомольцев). Этот поместительный дом имеет свыше пятидесяти комнат. Второй этаж дома отведен под канцелярию, в первом и третьем живут чекисты, представители соловецкой администрации, с семьями и прислугой (последняя из числа заключенных).

За Управлением расположена бывшая Петроградская гостиница, имеющая два этажа: наверху живет так называемая команда надзора (чекисты-надзиратели), внизу тридцать монахов-"специалистов" (рыбаки, плотники, огородники и пр.), которые считаются "вольнонаемными", но несут такую же подневольно-каторжную работу, как и все заключенные. Справа от гавани, в бывшей Архангельской гостинице, помещается так называемый "женбарак" (женский барак), или женский корпус, куда поселяют всех прибывающих на Соловки женщин-заключенных. Здание бывшей Александровской гостиницы — двухэтажное, деревянное, очень старое, со щелями в крыше и полах, с разваливающимися печами. Ремонтировать бывшую гостиницу администрация не хочет.

Гавань соединена воротами с сухим доком для ремонта судов. Здесь же расположена электрическая станция, одноэтажный каменный дом. Кроме турбины станция имеет паровые машины. Энергию для станции дает находящееся неподалеку Святое озеро, искусственно поднятое и соединенное особым каналом, проведенным в док и дальше в море — под электрической станцией. Вся эта остроумная система каналов, бассейнов и озер проведена еще монахами и в настоящее время засорена и наполовину испорчена.

Между электрической станцией и Святым озером имеется лесопильный завод, также приводимый в действие силой воды. В левую сторону от канала и прорезающей весь остров в различных направлениях железной дороги расположен Соловецкий Кремль, окруженный высокой каменной стеной, с четырьмя старинными башнями по углам, придающими Кремлю вид средневековой крепости, каковой он, собственно, и был в былое время. Детальному описанию Кремля я посвящаю особое место ниже.

На севере от Кремля, по обеим сторонам железнодорожного полотна, пролегает улица с рядом зданий. Когда-то в них частично жили в особых кельях не помещавшиеся в Кремле монахи, частично эти здания были отведены под разные хозяйственные нужды. Теперь три дома заняты охраняющим Соловки Соловецким полком особого назначения, в других помещается кузница, сельхоз и жвиут служащие сельхоза. Так называемый "комсостав" (командный состав), как военный, так и административный, имеет в своем распоряжении особое здание (один из домов, отведенных для полка). Сельхоз объединяет соловецких пастухов, огородников, возчиков, конюхов и пр. Здесь же тянутся огороды, скотный двор, а также расположена скотобойня и ряд сараев.

На восток от гавани расположено одно из многочисленных соловецких кладбищ. Советская власть основательно разрушила этот последний приют мертвых. Хулиганствующие чекисты оскверняли могилы, вырывали кресты, ломали решетки, уснащали могилы циничными надписями. Из гробниц наиболее чтимых соловецких угодников выворочены камни. В неприкосновенности сохранилось очень немного надгробных плит, влекущих к себе каждого любителя старины седой древностью надписей. Здесь же, на кладбище, единственная уцелевшая на Соловках церковь (Кладбищенская). Только Богу известно, ценой каких унижений и подкупов "вольнонаемные" монахи сохранили этот маленьких храм от всеобщего разрушения и осквернения. В Кладбищенской церкви изредка происходят службы — для монахов. Заключенным, несмотря на многократные просьбы, бывать на богослужениях запрещено. В присутствии религиозных заключенных чекисты с особым удовольствием и непередаваемым кощунством говорят о религии и Боге.

За зданием команды надзора и западной ветвью железной дороги расположены продовольственные склады, бани и кирпичный завод. На Соловецком острове имеется еще одна баня — для администрации. В общую же баню интеллигентные заключенные избегают ходить, ибо она является рассадником вшей и заразных болезней. Я вывел заключение, что чекисты намеренно поддерживают и развивают ужасающую грязь и вонь в этой бане, не брезгуя ничем для достижения заветной цели ГПУ: возможно скорее свести в могилу всех соловецких узников.

Соловецкий концентрационный лагерь разбит на шесть отделений: первое отделение помещается в самом Кремле, второе — верстах в двенадцати от него, на юго-западном берегу острова — в Савватиевском скиту. (В былые времена выделявшиеся своей набожностью и строгостью жизни монахи, желая всецело посвятить себя Богу и уединенной молитве, удалялись из Кремля в глубь острова, сооружали в лесу небольшую часовню и келью, где и проводили остаток своей жизни в посте и неустанном труде. В первое время такие потаенные жилища соловецких старцев назывались пустынями, потом близ них селились другие монахи, и пустыни стали называться скитами. Этих скитов очень много как на самом Соловецком острове, так и на окружающем его архипелаге.) Второе отделение соловецкого лагеря — Савватиевский скит — отведен для особой группы заключенных, так называемых "политических и партийных". К этой категории в Соловках, а также во всех других тюрьмах и ссылках СССР причисляются активные члены дореволюционных социалистических партий (социал-демократы, социал-революционеры и пр.). Значительное количество деятелей былых социалистических партий после октябрьского переворота помогает коммунистам угнетать русский народ; меньшинство же, отказавшись от активной борьбы с советской властью, продолжало критиковать ее мероприятия, за что и ссылается госполитуправлением в Соловки, Сибирь и на Урал.

По дороге в Савватиевский скит, верстах в восьми от Кремля, расположена пользующаяся такой кровавой славой Секирова гора, на ней — маяк и радиостанция. Гора эта очень высока и в ясную погоду видна даже в Кеми. На Секировой горе размещено четвертое отделение лагеря — "штрафное". Сюда попадают для пыток, а часто и смерти все "провинившиеся" перед ГПУ заключенные. Ниже я дам подробную картину хорошо мне известного и испытанного лично "штрафного" отделения.

На острове Большая Муксульма, в Муксульмском скиту, помещается третье отделение соловецкого лагеря. На Кондострове расположено пятое отделение, на Анзерском острове — шестое. На Большом Заяцком острове помещается так называемый "женский штрафной коридор", играющий роль Секирки для заключенных женщин.

Верстах в двух к северу от Кремля протекает Живоносный источник. Это место всегда считалось святым. Близ Живоносного источника один из настоятелей Соловецкого монастыря, святой Филипп, выстроил небольшую церковь и избушку-келью. Здесь святой многие годы провел в молитве. Филипповский скит некогда привлекал тысячи богомольцев; вода Живоносного источника исцелила многих больных. Особой святостью и почитанием был окружен образ в Филипповской церкви — "Иисус Сидящий". Теперь скит давно уже разграблен и заброшен. Для характеристики "творческой" работы соловецких администраторов необходимо привести такой связанный с Филипповским скитом факт. Чекисты решили устроить у Живоносного источника завод для гонки смолы. ГПУ ассигновало крупные деньги, в скит согнали сотни рабочих-заключенных, на постройку выписали из России инженеров и мастеров. А когда через полтора года дорогостоящий завод был готов, выяснилось, что, во-первых, гнать смолу не из чего — нет в достаточном количестве сырья, а во-вторых, провоз на материк одного пуда смолы обходится вчетверо больше цены того же пуда на месте! Завод бросили, теперь он зарастает бурьяном.

Между Кремлем и Савватиевским скитом, в четырех верстах от монастыря, находится Макарьевская пустынь. В ней живет Эйхманс, коммунист-чекист родом из Эстонии, являющийся "замначуправления" (заместителем начальника управления), ближайший помощник начуслона Ногтева. В Макарьевской пустыни Эйхманс окружен свитой из сотрудников-чекистов.

По всему Соловецкому острову разбросана масса других скитов, пустыней, часовен и отдельных зданий. Часть из них безвозвратно погибла, разрушена или разрушается, часть отведена для жилья рыбакам. Многочисленные соловецкие тони (например, Филипповская и др.) также в самой незначительной степени используются начуслоном. Рыбный промысел на Соловках, как и другие остатки когда-то богатейшего монастырского хозяйства, окончательно подорван воровством и неопытностью чекистской администрации.

Соловецкий Кремль со всех сторон окружен массивной каменной стеной. В каждой из этих стен имеются ворота. В настоящее время открыты только северные ворота, остальные наглухо заколочены. Закрыт и главный вход в монастырь (с юга) — Иорданские ворота. Справа от северных ворот тянется высокое каменное здание, некогда монастырские мастерские; мастерские эти (портняжная, сапожная, столярная и пр.) существуют и теперь. Во что их превратило ГПУ, читатель узнает дальше. Дальше идет "лазарет". Почему я беру это слово в кавычки, также будет явствовать из дальнейшего.

Параллельно мастерским и "лазарету", ближе к центру Кремля расположено высокое (в три этажа) каменное, старинной постройки здание, имеющее вид четырехугольника с возвышающимися соборами посредине. Это так называемый Казначейский корпус (название сохранилось старое). Занят он "10-ой ротой" (канцеляристы). В прошлом здесь были кельи монахов; комнаты в Казначейском корпусе, как и в других корпусах, очень маленькие, очень много одиночных келий, что не мешает начуслону помещать в них от шести до десяти человек заключенных. Люди задыхаются ночью от недостатка воздуха; то и дело приходится наступать соседу на голову, спину, руки, ибо кельи набиты заключенными.

К Казначейскому корпусу прилегает Настоятельский корпус, или, вернее, его остатки: это здание было сильно повреждено пожаром. В уцелевшей его части теперь помещается канцелярия коменданта 1-го отделения.

Здесь же, среди мусора и обгоревшего камня, помещается так называемая "центрокухня", в которой варят для заключенных "обеды". (Пища для администрации, к слову сказать, весьма изысканная, готовится, конечно, в другом месте.) Подходя к центрокухне, необходимо зажимать пальцами нос — такой смрад и вонь идет постоянно из этой клоаки. Достоин увековечения тот факт, что рядом с центрокухней, в тех же руинах сгоревшего Настоятельского корпуса, уголовный элемент заключенных устроил уборную, которая — вполне официально — называется центросортиром. Заключенных, теряющих в Соловках человеческий вид, такое соседство не тревожит. Администрация и подавно не обращает на это безобразие никакого внимания.

Дальше, рядом с центросортиром, помещается так называемая "каптерка" — склад пищевых продуктов. Выдачей продуктов долгое время заведовали чекисты из числа заключенных; следуя своим традициям, чекисты обкрадывали все и всех, умудряясь полуголодный паек арестантов уменьшать вдвое в свою пользу, продавали на сторону муку, мясо, крупу и пр., заменяя доброкачественные продукты гнилыми и т.д. Заключенные вынуждены были питаться тухлой треской и мясом с червями. Постепенно "каптерские" чекисты заняли другие выгодные должности в лагере, и выдача продуктов была поручена уголовному элементу из числа заключенных. Грабеж продолжался в том же размере, хотя и более секретно. Лишь в последнее время по единодушному настоянию всего лагеря "каптерка" была передана в ведение заключенному на Соловках духовенству (епископам, священникам и монахам), которых сами же чекисты называют "единственно честными в лагере людьми".

Затем следует так называемый "корпус рабочих рот" (два здания) — бывшие монашеские кельи. Последних очень много, но все они малы (большей частью одиночки), рабочих же рот — всего 14, и в каждой по 200 человек. Теснота и грязь ужасные. Весьма страдают "рабочие роты" от холода. Дело в том, что кельи отапливаются печами особого образца (топка в коридорах). Раньше монахи заготавливали на зиму огромное количество дров, топили не жалея, высокая температура в коридорах и кельях держалась дня два-три. Теперь не то. Печи давно не ремонтированы и дымят. В комнатах по утрам замерзает вода.

Все заключенные в "корпусах рабочих рот" распределены по специальностям (лесорубы, каменщики, рыбаки, огородники, железнодорожники, мастеровые и пр.). Большевики всемерно стремятся придать Соловкам вид военно-каторжного поселения. Во главе каждой "рабочей роты" стоит особый "ротный командир" (из чекистов), облеченный властью кого угодно без суда и следствия расстрелять, лишить пайка, послать на Секирку. Помогают ему в этом "взводные командиры" (тоже исключительно агенты ГПУ), главная обязанность которых — доносить на заключенных.

В восточной части Кремля помещаются сушилка, прачечная, баня и мельница. Все эти учреждения главным образом обслуживают нужды администрации. Вообще читатель должен понять раз навсегда, что в Соловках все заключенные поставлены в такие условия, чтобы весь их труд шел на выполнение потребностей, прихотей и самодурства администрации. В Соловках каждый заключенный — бессловесный раб.

Мельница приводится в движение силой воды посредством канала из Святого озера, прорытого много лет тому назад монахами. Кремлевская баня — исключительно для администрации, вольнонаемных и чекистских любовниц из числа заключенных женщин. Эти же любовницы (в Соловках очень распространен особый уголовный жаргон; на этом языке любовница называется "шмара") моют чекистам белье. Рядовым заключенным и мыть нечего, так как у девяноста процентов соловецких арестантов вместо белья — истлевшие от времени и засыпанные вшами лохмотья. Вновь прибывающие заключенные, имея еще коекакой запас белья, по неопытности и незнанию соловецких порядков отдают свое белье в прачечную, где оно и пропадает, немедленно попадая в руки чекистов.

Ближе к северной стене Кремля помещается вещевой склад (в бывшей Троицкой церкви). Это громкое название не должно никого обманывать. Ногтев долго носился с планом одеть заключенных в костюмы тюремного образца; ГПУ даже ассигновало на это деньги, но в какой чекистский карман они попали — неизвестно. Весь лагерь донашивает то, что удалось взять из дому перед отправкой в Соловки; многие и в Соловки прибыли в одном тряпье; в лагере не редкость увидеть почти голых людей. Заключенным, лестью и доносительством снискавшим расположение к себе администрации, иногда выдаются из "особых запасов" куртки арестантского покроя; остальная же масса заключенных считает счастьем, если ей выдадут обувь и шинели — на работу (после работы вещи сдаются обратно в вещевой склад, то есть люди в нерабочее время должны ходить голыми). Немного щедрее выдаются вещи, платье и белье, снятое с... расстрелянных. Такое обмундирование в довольно большом количестве привозилось в Соловки раньше из Архангельска, а теперь из Москвы; обычно оно сильно ношено и залито кровью, так как все лучшее чекисты снимают с тела своей жертвы сейчас же после расстрела, а худшее и запачканное кровью ГПУ посылает в концентрационные лагеря. Но даже обмундирование со следами крови получить очень трудно, ибо спрос на него постоянно растет — с увеличением числа заключенных (их теперь в Соловках свыше семи тысяч) и с изнашиванием их одежды и обуви в лагере все больше и больше раздетых и босых людей.

Дальше снова идет корпус рабочих рот, затем — рота чекистов. В ней свыше ста человек. Это — опора и гордость коммунистической партии на Соловках, штаб так называемых "стукачей" ("стукач" на уголовном языке — доносчик, шпион, провокатор). Рота чекистов, конечно, совершенно не работает. Часть из них пристроилась в лагере на службу по своей "специальности" (в "команде надзора", в цензуре, в "управлении" и пр.), остальные ожидают освобождения соответствующих вакансий. С утра до вечера "рота чекистов" пьянствует, играет в карты, поет богохульные песни и развратничает.

За ротой чекистов помещаются овощные и рыбные склады, также переданные в заведование духовенству.

Центр Кремля несколько возвышается над окружающими его зданиями. От него вокруг всего Кремля, вдоль стен, идет крытая галерея. Отделенные друг от друга бывшей ризницей два главных соловецких собора (Троицкий и Преображенский) теперь заняты рабочими ротами: 12-ой, 11-ой, 13-ой и 14-ой (всего человек 900). Иконы из соборов давно унесены, священные изображения закрашены, сорваны и сломаны кресты. Всюду следы пуль и кощунственные надписи и рисунки — произведения чекистов-надсмотрщиков или заключенных из числа уголовного сброда, так называемой "шпаны".

Огромные помещения соборов требуют для поддержания в них более или менее сносной температуры массы дров, в которых всегда чувствуется острый недостаток. Как и в рабочих корпусах, в соборах зимой невыносимо холодно, печи дымят, дует с полу и окон, часто разбитых, летом — постоянная сырость. Заключенные, прежде чем уснуть после тяжкого трудового дня, много часов дрожат как в лихорадке на своих "топчанах" (род самодельной деревянной койки). За отсутствием места и дерева для "топчанов" или нар многие спят на ледяном полу. Можно ли удивляться после этого колоссальному росту на Соловках малярии, острых легочных заболеваний, цинги?

Освещаются соборы маленькой электрической лампочкой. Тусклый свет достаточен лишь для того, чтобы не наступить соседу на голову. Все погружено в полумрак. Это мучительно действует на заключенных, в особенности зимой, когда на этом крайнем севере день продолжается каких-нибудь 4-5 часов, когда работы заканчиваются в ночной тьме. Нельзя ни написать письма своим родным, ни прочесть что-нибудь, ни починить истрепавшуюся одежду. Зимними вечерами под лампочками всегда толпа заключенных; ротные и взводные командиры пользуются этим, отдавая столь необходимый свет, так сказать, внаем, беря за него взятки последними деньгами или куском хлеба заключенного.

Под соборами, в полуподвальном помещении, находится хлебопекарня. Заведует ею чекист Локис, латыш.

Здесь также всемерно проводится соловецкий принцип: для администрации выделывается отборный хлеб, заключенные получают хлеб из горькой, испорченной муки, да и эти мизерные порции обкрадываются со всех сторон. Быть пекарем в Соловках — это значит не только быть всегда сытым, что является недосягаемой мечтой для всего лагеря, но и припасти хлеба на черный день, почему Локис извлекает из своей должности крупные выгоды, принимая в хлебопекарню заключенных только за большую взятку или особые услуги. Между прочим, тот же Локис организовал в хлебопекарне, с молчаливого согласия высшей администрации, так называемый "самогонный трест": часть муки употребляется на изготовление водки для чекистов и ротных командиров. Это, в свою очередь, приводит к сокращению хлебного пайка заключенных до минимума.

В бывшей ризнице теперь устроен "культпросвет", устроена сцена, развешаны вместо изображений Христа и святых — Ленин, Маркс, Роза Люксембург и прочие персонажи коммунистического бедлама. Ниже я буду говорить подробнее об этом "культпросвете".

III

Верховным правителем Соловков и всех иных северных концентрационных лагерей и ссылок является бывший председатель петроградской ЧК, а теперь руководитель социального отдела ГПУ — Бокий, член центрального исполнительного комитета коммунистической партии. Бокий редко бывает в Соловках, живя постоянно в Москве, куда ему специальными курьерами, а также по почте, телеграфу и радио сообщается все могущее заинтересовать его лично или ГПУ в целом. Наместником Бокия на Соловках и исполнителем его мероприятий является Ногтев.

Ногтев — видный чекист, тоже член центрального исполнительного комитета. Он принимал активное участие в октябрьском перевороте, как матрос известного крейсера "Аврора", обстреливавшего в октябре 1917 года петроградский Зимний дворец с укрывшимся в нем Временным правительством. Помимо своей неумолимой жестокости, Ногтев славится в Соловках своей непроходимой глупостью и пьяными дебошами. В самой его физиономии есть что-то безусловно зверское. В лагере его называют палачом. Живет Ногтев со своей семьей в монастырском Кремле, в первом этаже Управления северными лагерями особого назначения.

Помощник Ногтева — Эйхманс. Он тоже коммунист и тоже видный чекист, из эстонцев. Отличительной чертой Эйхманса, кроме свойственных всем агентам ГПУ садизма, разврата и страсти к вину, является увлечение военной муштрой. Эйхманс, безусловно, помешался на парадомании. Не считаясь совершенно ни с возрастом, ни с полом заключенных, он требует от всех солдатской выправки, отдания чести ему и всей администрации, выстраивания при встрече с ним во фронт, участия голодных и босых рабочих рот в дурацких смотрах и парадах. Эта столь же жестокая, как и глупая, игра в солдатики приносит немало мучений заключенным. Достаточно не так повернуться на "параде", неправильно построить ряды, нестройно ответить: "Здра-сте, то-вар-рищ на-чаль-ник!" — как взбешенный Эйхманс обрушивается на виновного рядом репрессий, вплоть до Секирки.

Управление северными лагерями особого назначения имеет пять отделов:

1) административный,
2) военный,
3) эксплуатационно-коммерческий,
4) хозяйственный,
5) финансово-счетный.

Канцелярия административного отдела сосредоточена в Управлении. Здесь ведется переписка общего характера, делаются различные доклады Ногтеву, отчеты и пр. Низшие служащие в канцелярии — из заключенных ("рота канцеляристов"). В канцелярии резко бросается в глаза главнейшая особенность и, пожалуй, единственный смысл и оправдание всего Управления в целом — полная неразбериха в делах, втирание очков младшими старшим, жажда ослепить центральное ГПУ фейерверком сказочных проектов и планов, необычайное разбухание всех отделов, подотделов и частей Управления. То, что в нормальных условиях легко может выполнить один человек, в Соловках делают — и плохо — не менее десяти писцов, делопроизводителей и секретарей. В соловецких канцеляриях все основано на неприкрытом обмане. Заключенные-канцеляристы обманывают начальство видимостью работы; Ногтев и вся свора чекистов-администраторов прикрывает бесконечным потоком бумаг, смет, отчетов, секретных и несекретных записок в ГПУ — поразительную даже для советской власти нелепость и абсолютную ненужность своей деятельности, планомерный грабеж всего, что можно еще ограбить, колоссальные подлоги и хищения.

Даже при наличии опытных канцеляристов из среды "контрреволюционеров" ввести советскую канцелярщину в Соловках в законное русло немыслимо, ибо во главе каждого отдела, каждой канцелярии стоит начальник-чекист, который по малограмотности или преступности (последнее чаще) губит все дело. Дорожа своим местом в канцелярии, которое удается занять только путем взятки или угодничества, заключенные выполняют безоговорочно всякое распоряжение администрации, как бы абсурдно оно ни было. Можно себе представить, какой хаос творится в Управлении, если в нем нередко ответственные посты поручены чекистам из бывших матросов, полуграмотных рабочих или плохо понимающих по-русски латышей!

Например, начальником "следственной части" является некто Васьков, бывший сапожник, чекист-малоросс. Этому в прямом и переносном смысле сапожнику поручено сложнейшее дело, требующее высшего юридического образования. Но в Соловках это вполне нормально. Сапожник в роли прокурора из ГПУ — в этом олицетворение соловецкого "судопроизводства". Все заключенные считаются формально уже осужденными и получившими определенный срок (конечно, без какого бы то ни было суда, заочно). Но это обстоятельство не смущает Васькова и его помощников. Главари "следственной части" производят "следственные дознания" и по прибытии того или иного "контрреволюционера" в лагерь, и если усмотрят в его деле новую "контрреволюцию" — несчастного постигает новое наказание.

Таким вылавливанием "контрреволюции" в особенности отличается соловецкий следователь Калугин, чекист, бывший рабочий, долгое время уже в лагере подписывавший свои приговоры крестом. Калугин совершает заведомые подлоги в делах, приплетает к ним мифических "свидетелей", инсценирует новые "процессы", то и дело прибегая к провокации и угрожая пыткой и расстрелом.

Впрочем, энергия Калугина вполне понятна и простительна, принимая во внимание те "преступления", за которые центральное ГПУ посылает людей в соловецкую каторгу. Разбирая дальше "дела" заключенных, я подробнее остановлюсь на юридических перлах чекистов. Сейчас упомяну, между прочим, что в бумагах того или иного заключенного далеко не редкость встретить такое обвинение:

"Женат на княгине".

"Дед был епископом".

"При обыске найдены погоны капитана" (хотя сам "обвиняемый" никогда офицером не был!).

А однажды мне пришлось видеть в деле одного заключенного такую резолюцию харьковского ГПУ:

"Содержать под арестом до выяснения причин ареста".

И человека, о котором никто не знал, за что он, собственно, арестован, все же сослали в Соловки на три года! Кто же может сомневаться в законности и справедливости "рабоче-крестьянского" суда?!

Канцеляристы-заключенные постоянно отрываются

от своего прямого дела. Периодически устраиваются — в тех же целях пускания пыли в глаза Дзержинскому и Бокию: вот, мол, как мы работаем! — разные "ударники" и "субботники". Весь лагерь, в том числе и писцы, сгоняется на рубку и сплав леса, уборку сена, разработку торфа, постройку очередного никому не нужного завода, который неделю спустя бросается на произвол судьбы. Кроме того, заставляя опытных людей из числа заключенных работать в канцеляриях, чекисты все время срывают свою злобу на них же:

— Эта буржуйская сволочь, интеллигенция, везде устраивается!..

Канцеляристы снова попадают в рабочие роты, набирают новых писцов, снова выгоняют. И пока длится этот бедлам, делопроизводство лагеря превращается окончательно в произведения обитателей сумасшедшего дома.

Кроме отдела общей переписки, в административной части Управления имеется так называемое "шифровальное бюро". Оно ведает перепиской секретного характера (все служащие исключительно чекисты). Частично переговоры с Москвой ведутся по радио. В "шифровальное бюро" поступают тайные директивы ГПУ, шифрованная переписка, распоряжения о расстрелах. (По закону приговаривать к смерти может только центральное ГПУ, местная администрация лишь приводит приговор в исполнение. Однако правом расстреливать в широкой степени пользуется и Ногтев, и его помощники, причем в Москву доносится, что такой-то "пытался бежать и был убит конвоем" или просто умер).

Особое раздражение заключенных вызывает "цензурная часть", просматривающая все письма, как поступающие в Соловки, так и отправляемые заключенными своим родным. Право переписки с родными дано "контрреволюционерам" лишь недавно (социалисты, или "политические и партийные", пользовались этим правом с основания лагерей). Разрешается посылать не более трех писем в месяц и столько же получать (социалистов это ограничение не касается); все сверх нормы без всяких разговоров уничтожается "цензурной частью".

Во главе "цензурной части" стоит чекист Кромуль, специально присланный центром; у него три помощника из заключенных чекистов. Писать разрешается только о лично себя касающемся. Какое бы то ни было упоминание об условиях своей жизни, соловецком быте строжайше запрещено; критика администрации карается Секиркой. Незадолго до моего бегства в октябре 1925 года один из заключенных спросил, разрешается ли хвалить соловецкие порядки, на что Кромуль ответил:

— Не только разрешается, но и рекомендуется.

Нет никакой гарантии, что то или иное письмо будет пропущено цензурой, хотя бы и удовлетворяло всем требованиям Кромуля. Письма свои заключенные должны оплачивать марками за свой счет. А так как в Соловках почти ни у кого нет даже семи копеек за письмо, то значительный процент заключенных лишен и этой последней радости — написать несколько строк родным.

В соловецком лагере довольно много иностранцев различных национальностей и подданств. Их письма обычно посылаются для просмотра в иностранный отдел ГПУ. Может быть, поэтому письма иностранцев особенно часто "пропадают в пути". Бывают и такие случаи, когда Кромуль требует от людей, совершенно не знающих русского языка, писать только по-русски и письма на другом языке разрывает на их же глазах.

Каждое из шести отделений соловецкого лагеря, а также Секирка и "женский штрафной изолятор" имеют своего особого "начальника" и "начальника канцелярии". Эти ближайшие помощники Ногтева и Эйхманса сплошь состоят из чекистов, в большинстве случаев ссыльных. Губернские и уездные ГПУ центральной России всемерно скрывают вопиющие преступления своих сотрудников и агентов; кладутся под сукно громкие дела об истязании арестованных, безрассудных расстрелах, грабеже, виртуозном пьянстве, насилиях над женщинами. Но иногда какое-нибудь из ряда вон выходящее преступление случайно всплывает наружу, доходит до сведения Москвы, и Катаньян, главный прокурор по делам ГПУ, посылает виновного на несколько лет на Соловки. Таких заключенных-чекистов в лагере свыше ста человек. Из них-то и набирается главным образом средняя и низшая администрация.

Само собой разумеется, никем не обуздываемые, ссыльные чекисты продолжают и на Соловках свою преступную деятельность. Это относится поголовно ко всем начальникам отделений. Так, начальник первого отделения Соловецкого лагеря чекист Баринов, бывший железнодорожный весовщик из Москвы, совершенно открыто берет взятки за освобождение от работ, чего и сам не отрицает.

Типичным соловецким "администратором" является начальник канцелярии того же 1-го отделения, Анфилов, называющий себя офицером. По-видимому, службу в ГПУ он выгодно соединял со службой в какой-либо иностранной разведке, ибо попал в Соловки (на пять лет) за шпионаж (66 статья Уголовного кодекса СССР). Анфилов совершенно безнаказанно насилует в своей канцелярии женщин из числа заключенных "контрреволюционерок". Зачастую это делается днем, во время занятий. Жалобы на Анфилова Ногтев оставляет без последствий. Одна из изнасилованных Анфиловым женщин, выйдя из заключения, прибыла в Москву и возбудила дело против начальника канцелярии. Был создан процесс. Анфилова вызвали в ГПУ и там... оправдали!

Тот же Анфилов канцелярские свои обязанности совмещает с деятельным участием в расстрелах. Я не знаю случая, чтобы в советской расправе над заключенными прямого или косвенного участия не принимал Анфилов.

Специфически чекистскую работу выполняет так называемая команда надзора. В ней только около десяти человек — "вольнонаемные" (назначенные из ГПУ чекисты), остальные — из числа присланных в Соловки за должностные преступления. Раньше поле деятельности "вольнонаемных" чекистов и чекистов-заключенных было различным, теперь обе эти категории слились и несут одинаковые обязанности надзора, сыска и расправы. Необходимо отметить, что "вольнонаемные" все же человечнее других. Это не относится, впрочем, к особо приближенным к Ногтеву "вольнонаемным".

Команда надзора принимает вновь прибывающих заключенных, производит обыски, широко применяет провокацию и доносы в "следственных" целях, исполняет обязанности палачей при разного рода наказаниях, дежурит у ворот Кремля и в комендатуре, выдает пропуска. До последнего времени команда надзора приводила в исполнение и все смертные приговоры. Теперь же расстреливают солдаты Соловецкого полка особого назначения.

Из чинов команды надзора чисто животным бессердечием выделяется Новиков, бывший солдат. Зверским отношением к заключенным Новиков славился еще в Холмогорах, где практиковались массовые расстрелы заточенных в холомогорском лагере, в том числе женщин и глубоких стариков. Тот же Новиков в Соловках с одобрения высшей администрации совместно с начальником канцелярии 1-го отделения Анфиловым насилует всех попадающих к нему женщин. Вообще положение женщин в лагере кошмарно.

Из других надзирателей необходимо назвать некоего Зубкова, полуграмотного рабочего, выделяющегося своими доносами не только на заключенных, но и на ссыльную часть команды надзора (сам Зубков "вольнонаемный").

Обыкновенно каждая тюрьма в советской России избирает из своей среды особого старосту (из заключенных), на обязанности которого всякого рода переговоры с администрацией и вообще защита товарищей по заключению. Соловки также имеют своего старосту, однако последний выполняет чисто чекистские функции, назначается Управлением и является в сущности не защитником арестантов, а их прокурором. Теперь соловецким старостой состоит

Яковлев, бывший начальник московской милиции. В лагере он известен под именем "генерала", так как, подобно Эйхмансу и прочим, страдает парадоманией. Яковлев неимоверно толст, глуп и груб. За разные поблажки и льготы заключенным (например, освобождение от работ и пр.) "генерал" установил особую таксу — от 50 копеек и выше. Это прекрасно известно всей администрации, которая также сплошь укомплектована взяточниками.

До Яковлева старостами были чекисты Савич и Михельсон. У последнего одна нога короче другой, лицо искажено явно ненормальной гримасой. После эвакуации Крыма южнорусской армией генерала Врангеля (в ноябре 1920 г.) Михельсон был прикомандирован к знаменитому Бэла Куну, бывшему председателю Венгерской советской республики, которого совнарком и ГПУ назначили диктатором побежденного Крыма. Прибыв в Симферополь, Бэла Кун заявил, что "из крымской бутылки ни один контрреволюционер не выскочит", а так как в советской России неконтрреволюционерами считаются только коммунисты (полпроцента русского народа), то крымский полуостров был буквально залит кровью. Бэла Кун, его секретарь — Землячка, любовница диктатора, и Михельсон (в должности "председателя особой тройки по проведению красного террора в Крыму") расстреляли, утопили и зарыли в землю живьем за ноябрь и декабрь 1920 года, по советским данным, свыше 40000 человек!

Как известно, венгерский зверь в конце концов заболел нервным расстройством и долгое время пробыл в московском сумасшедшем доме. Михельсон после крымской человеческой бойни некоторое время продолжал свою кровавую деятельность на Соловках, а затем был назначен председателем ГПУ Киргизской советской республики, где, вероятно, находится и поныне.

Галерея советских палачей в Соловках была бы неполной без фигуры Квицинского, чекиста и коммуниста из поляков. До 1922 года Квицинский был помощником коменданта Холмогорского концентрационного лагеря, о котором не могут без ужаса вспоминать те немногие уцелевшие, что были перевезены из Холмогор, Архангельска и Портаминска в Соловки. Неподалеку от холмогорского лагеря находился одинокий, стоявший в стороне дом, давно уже брошенный его владельцами. В этом доме несколько лет подряд происходили систематические избиения десятков тысяч заключенных, попадавших в Холмогоры из всех губерний России, Кавказа, Крыма, Украины и Сибири (в то время этот лагерь был главной тюрьмой для "контрреволюционеров"). Одинокая усадьба, в которой нашли себе смерть бесчисленные "белогвардейцы", называлась "Белым домом". Комендантом этого "Белого дома" и руководителем расстрелов был Квицинский. Разлагающиеся трупы казненных не убирались, новые жертвы падали на трупы убитых раньше. Зловонная гора тел была видна издали. По признанию самого Квицинского, только в январе-феврале 1921 года в "Белом доме" было убито 11000 человек, в том числе много женщин (сестер милосердия) и священников. (В конце 1920 года в Холмогоры стали прибывать тысячи заключенных из числа захваченных на Кавказе и в Крыму офицеров армий генералов Деникина и Врангеля, их родных и близких.)

Перед переводом лагеря в Соловки Квицинский, заметая следы своих зверских преступлений, взорвал "Белый дом".

Особые крючковатые палки, которыми соловецкие чекисты наносят удары "провинившимся" заключенным, называются "смоленскими". Получили они это наименование оттого, что впервые их ввел в употребление знаменитый архангельский, а потом и соловецкий палач Смоленский, польский коммунист. Квицинский, Михельсон и Смоленский могут считаться основоположниками и, так сказать, проводниками того потрясающего по своей жестокости обилию крови красного террора, что такой широкой волной разливался и разливается по северу несчастной России.

До последнего времени в Соловках при Управлении

лагерями особого назначения существовало так называемое техническое бюро. Последнее проявляло себя главным образом представлением в ГПУ таких фантастических проектов использования и эксплуатации богатств Соловков, что нельзя было понять, где сумасшедшие люди — в "техническом..." ли "...бюро" , фантазирующем столь нелепо, или в московском ГПУ, дающем деньги и материалы на это "техническое" безумие. Техническим бюро заведовал инженер Роганов, из заключенных. Это ярко выраженный тип соглашателя, лижущего пятки своим новым хозяевам — коммунистам. Весьма возможно, что Роганов уже на Соловках вступил и в коммунистическую партию, и в ГПУ.

Весной 1925 года появился на свет божий новый административный недоносок: эксплуатационно-коммерческая часть при том же Управлении. В нее было включено и прежнее техническое бюро с тем же Рогановым. Во главе новой части был поставлен заключенный Френкель. Любопытна его судьба: крупный австрийский фабрикант и подрядчик, Френкель приехал по торговым делам в Россию, заручившись всеми необходимыми документами и даже приглашением двух советских министров — финансов и внешней торговли. В момент заключения Френкелем концессионного договора с высшими советскими органами его арестовало ГПУ, заявив, что Френкель, во-первых, не выполнил взятых на себя обязательств, а во-вторых, прибыл в Россию в целях военного шпионажа! Фабрикант был послан на 5 лет в Соловки.

Френкель как-то снискал доверие к себе со стороны Ногтева и Бокия, был сначала в канцелярии Управления, а с весны 1925 года стал начальником эксплуатационно-коммерческой части.

Кустарная работа инженера Роганова по колоссальному надувательству центра Френкелем была введена в правильное русло. Постоянно надуваемый изнутри бывшим фабрикантом и поддерживаемый снаружи Ногтевым, этот грандиозный мыльный пузырь достоин был бы увековечения в качестве памятника не только "хозяйственной работы" на Соловках, но и вообще всей советской промышленности в целом; последняя также есть не что иное, как сплошное надувательство и своего народа, и иностранцев, и очень часто самих себя.

Деятельность эксплуатационно-коммерческой части могла бы послужить достаточным материалом для увесистого юмористического сборника или для книги уголовных деяний и подозрительных афер. Ограничусь приведением лишь нескольких примеров.

Выплыв на соловецкую поверхность, Френкель тотчас же начал строить железную дорогу на острове, стоившую крупных денег и большого труда. Дорога эта совершенно бесполезна, ибо заключенные крепко припаяны к своей тюрьме, свободного населения на острове нет и, следовательно, ездить по железной дороге некому абсолютно. Френкель выдумал гениальный план: вывозить на материк дрова. Но неумелое ведение лесного хозяйства давно уже уничтожило леса. Кроме того, расходы по перевозке дров на материк совершенно не оправдываются, такая перевозка дает одни убытки, что было ясно и до постройки железной дороги. Однако полотно было проложено, миллионы были истрачены, а в результате — в настоящее время железная дорога, никому ненужная, уже заброшена. Зато Ногтев и компания лишний раз напомнили о своем существовании московскому ГПУ:

— Мы построили на Соловках железную дорогу!

И, конечно, положили в свой карман не одну сотню тысяч!

Год тому назад соловецкие "хозяйственники" начали строить верстах в трех от Кремля кирпичный завод. Глина в Соловках очень плохая, да и выделывался кирпич ручным способом. Когда повезли пробу в Кемь, там поднялся хохот: кирпич уже при кладке разламывался на части.

Это не смутило Френкеля и Роганова. Были вытребованы новые кредиты на дурацкую затею, выписаны из России специальные машины. Однако в лагере не нашлось специалистов по этому делу, кирпич по-прежнему выходил бракованный. Тогда было решено, что необходимо производить "зимнюю формовку кирпича". В лютые морозы заключенные много недель лепили глину, выросли у Кремля целые горы кирпича. Но в одну особенно морозную ночь весь кирпич неожиданно треснул!

Раз в Москву был послан ослепительный рапорт о том, что "соловецкий лагерь в ближайшем будущем сможет поставлять кирпич для всего севера СССР" — надо было продолжать столь успешное дело, несмотря на неудачи. К кирпичному заводу была проложена новая ветка железной дороги; испорченный кирпич целыми эшелонами доставлялся к пристани, им были нагружены все имевшиеся в распоряжении Френкеля пароходы. Кирпич торжественно повезли продавать в Кемь и в Архангельск.

Уже на материке выяснилось, что для оплаты стоимости провоза, нагрузки и выгрузки соловецкого кирпича необходимо не только отдать весь кирпич совершенно бесплатно, но и еще доплатить тому, кто бы взял эту гниль. Покупателей на кирпич не нашлось. Пароходы простояли некоторое время в Кеми и Александровске и, не дождавшись покупателей, вывалили кирпич на пристани и ушли обратно в Соловки!

И все же Ногтев и эксплуатационно-коммерческая часть по-прежнему продожали радовать сердце Дзержинского фантастическим снабжением всего севера СССР соловецким кирпичом, хотя сам кирпичный завод уже заброшен.

То же вышло, как я уже упоминал, и со смехотворной затеей устроить на Соловках завод для гонки смолы. Для этого не оказалось сырья; стоивший больших денег завод забросили.

Характерной чертой Соловков является выполнение сложных технических заданий в порядке административного приказа, не имеющего ничего общего со здравым смыслом. Мнение заключенных инженеров совершенно не принимается во внимание.

Так, пришел в совершенно негодное состояние пароход "Глеб Бокий" (раньше "Жижгин"). Его начали ремонтировать домашними средствами. Когда ремонт коснулся винта, Ногтеву вдруг понадобилось срочно спустить пароход на воду. Предупреждение, что без винта пароход не может двигаться, было признано "злостной контрреволюцией", и Ногтев приказал:

— Немедленно спустить пароход!..

"Глеб Бокий" чуть не затонул. С трудом спасенный, он всю навигацию неподвижно простоял в соловецкой гавани, не имея возможности — без винта — двинуться с места! И таких примеров — сколько угодно.

Управление северным лагерями особого назначения сказочное богатство давно уже нищего соловецкого монастыря хотело обосновать на слишком зыбкой почве — бесплатном труде заключенных. Понятно, эти чекистские мечты с грохотом рухнули сразу же. Никакого стимула в работе в Соловках нет. Не только не получая за свою работу ни копейки, но и более или менее человеческого отношения, каждый заключенный стремится работать возможно меньше и хуже. Все скрывают свою специальность; поэтому даже плотников, пекарей, печников, которых немало среди заключенных-уголовных, Управлению приходится привлекать со стороны, нанимая их на материке. Что, кроме неминуемого краха, может выйти из такого "хозяйства"?

Все заключенные по интерции, а часть из них и с сознательной задней мыслью беспрекословно выполняют явно ненормальные распоряжения администрации и ее "хозяйственных, технических, коммерческих" и иных органов. И вместе с тем вина за всякого рода неудачи всегда падает на головы именно заключенных, хотя их всегда и всюду заставляют делать то, что противоречит элементарным законам хозяйственного расчета и здравого смысла.

В последнее время Френкель увлекается новым "делом": с самом Кремле и в некоторых скитах открываются небольшие казенные магазины. В них имеются любые товары: обувь, одежда, продукты питания, даже вино. Так как все получаемые заключенными от родных деньги отбираются администрацией и вносятся на особый счет, откуда и выдаются по особому каждый раз требованию и разрешению, то в соловецких лавочках можно покупать и в кредит, раз вы имеете деньги на своем счету. Все это не могло бы вызвать возражений, если бы цены лавочек были нормальны. Но этого-то и нет. Все в Соловках дороже общесоветских цен минимум на 50 процентов (очень часто и на 100 процентов). Таким образом, происходит планомерный грабеж заключенных в пользу администрации, чекистов и красноармейцев, имеющих право покупать все им необходимое ниже их рыночной ценности (тоже на 50-100 процентов).

Само собой разумеется, лишь малая часть заключенных получает из дому помощь деньгами. Большинство из них перед отправлением на Соловки бывает свидетелями того, как ГПУ конфискует у их родных все имущество за "укрывательство контрреволюционеров". Но даже получающие деньги не могут употребить их на свои нужды: часто чекисты лишают того или иного заключенного права получения денежных посылок за какой-нибудь "проступок", присваивая деньги себе. Надо ли говорить, как злоупотребляет администрация этим захватным правом, как часто чекисты промышляют грабежом, обрекая заключенных на голод.

Посылки с вещами и продуктами в лагере получаются чаще, чем денежные, но и здесь мы сталкиваемся с той же спекуляцией на голоде: администрация всячески задерживает получение заключенными их посылок, вынуждая их покупать все необходимое в лавочках Френкеля по страшно вздутым ценам.

Помимо самого факта явно спекулятивного характера соловецких лавочек и ларьков, последние есть не что иное, как насмешка над северными лагерями особого назначения, новое яркое доказательство поразительного неравенства в правах не только советских "свободных" граждан, но и советских арестантов. По закону СЛОН — лагерь принудительных работ с крайне тяжелым режимом, скудной пищей, моральным и физическим гнетом. Соловецкие же ларьки и поголовная продажность администрации привели к тому, что попадающие в Соловки спекулянты, аферисты, фальшивомонетчики, крупные представители уголовного мира и вообще лица, имеющие и в тюрьме большие деньги, живут в СЛОНе не хуже, чем в своей квартире, при помощи взяток освобождаются от работ, покупают в ларьках щегольское платье, одежду, белое вино, устраиваются — тоже за взятку — в отдельных комнатах, даже нанимают прислугу из числа безденежных заключенных!

Таким образом, ни характер вашего "преступления", ни тяжесть вынесенного вам ГПУ приговора не имеют на Соловках абсолютно никакого значения. Есть у вас деньги — к вашему голосу прислушивается сам Ногтев (берущий обычно не менее 100 рублей), к вашим услугам все чекисты и все ларьки. Денег нет — вы буквально умираете с голоду. А так как подавляющее большинство заключенных — нищие "контрреволюционеры", то колоссальная разница в положении между ними и барствующими спекулянтами просто режет глаза.

Хозяйственная часть находится в подчинении эксплуатационно-коммерческой. Функции ее — выдача пайков, вещевого довольствия и пр. Какую одежду выдают на Соловках и как трудно получить даже залитые кровью штаны с расстрелянного, я уже говорил. В следующей главе я подробнее остановлюсь на другой области деятельности хозяйственной части — выдаче пайков.

Финансово-счетная часть...

Даже на фоне общесоловецкого административного произвола, преступности и исключительного хаоса финансово-счетная часть выделяется своим ярко уголовным характером. Целый букет подлогов, растрат, фальшивых счетов поражают с первого же знакомства всякого, кто имеет случай познакомиться с "делопроизводством" этого учреждения. По-видимому, дела финансово-счетной части ведутся намеренно в грандиозном хаосе, дабы никакая ревизия из центра не смогла в них ничего понять.

Некоторое время тому назад в финансово-счетную часть был привлечен опытный счетовод из заключенных (бывший чиновник таможенного ведомства); проработав несколько месяцев, он направил было по правильному руслу этот поток бумаг, отношений, сношений, счетов и ведомостей, почти всегда вымышленных. Но это не понравилось тем, кому выгоден был хаос финансово-счетной части, таможенного чиновника изгнали из канцелярии.

Начальником финансово-счетной части является Соколов Константин Николаевич. Он — бывший счетовод в одном из губернских отделений государственного банка.

У меня не хватает слов в достаточной мере обрисовать всю мерзость и подлость этого человека. Соколов — "вольнонаемный" (то есть не из числа заключенных), по собственному желанию прибыл на службу в Соловки, чего одного уже достаточно: для этого надо было заранее заглушить в себе и совесть, и сострадание к соловецким мученикам. Не только не чекист, но даже и не коммунист, Соколов в действительности ни в чем не уступает старым чекистам. На каждом шагу он дает понять, что он не просто лоялен к ГПУ, но и всемерно поддерживает его в деле наибольшего глумления над заключенными.

Соколов для всего лагеря ненавистнее любого коммуниста, ибо последний в Соловках творит гадости, промышляет шпионажем и доносами открыто, начальник же финансово-счетной части ведет скрытную игру на крови и страданиях "контрреволюционеров". Спросите любого "каэра" о Соколове, вам ответят:

— Это — враг для всех. Это отъявленный негодяй.

Соколов силой принуждает всех прибывающих в Соловки молодых женщин служить у него в канцелярии и на глазах у всех насилует их, зная, что это сойдет ему с рук, ибо вся без исключения администрация безнаказанно вот уже сколько лет глумится над заключенными женщинами.

Страшно сказать, но даже в среде самих заключенных бесчисленные случаи насилий над женщинами уже не производят впечатление, до того это гнусное преступление стало обычным в лагере.

Военная часть ведает управлением, снабжением и питанием расположенных на Соловецких островах красноармейцев. Охраняются Соловки так называемым Соловецким полком особого назначения войск ГПУ, в составе 600 штыков (полк пехотный). Кроме того, при надобности обязанности караульных и конвойных несет вооруженная револьверами команда надзора и рота чекистов.

Соловецкий полк особого назначения сносно одет и достаточно хорошо вооружен (кроме винтовок имеется много пулеметов). Был даже проект ввести артиллерию. Солдаты полка в большинстве не коммунисты, но ГПУ заставило их служить себе не за страх, а за совесть отчасти разного рода поблажками, выдачей "усиленного", или "северного", пайка, разрешением пьянствовать и насиловать женщин, отчасти суровой расправой с непокорными. Почти все красноармейцы из рабочих.

Ногтеву все время мерещится нападение "иностранной буржуазии" на Соловки с целью освободить заключенных. Поэтому весьма часто производятся разного рода ложные тревоги, строевые учения, пулеметная и ружейная стрельба, защита острова от воображаемой "буржуазной эскадры". Конечно, серьезной реальной силы соловецкий полк не представляет. Достаточный для охраны (и расстрела) безоружных заключенных, он, безусловно, не выдержал бы натиска отряда и втрое меньшего его по численности. Соловецкие красноармейцы крайне распущенны, трусливы, как и вся красная армия.

Я уже упоминал, что комендант Соловков латыш Ауке арестовал прежнего командира соловецкого полка особого назначения Лыкова и комиссара того же полка Кукина за их противодействие в вопросе о передаче полка из состава петербургского военного округа в исключительное ведение ГПУ.

Теперь командиром полка является чекист Петров, всецело подчиняющийся и в чисто военном отношении только ГПУ.

IV

С открытием навигации и освобождением Белого моря от ледяных заторов в Соловки начинают прибывать новые партии "врагов советской власти". Из всех углов необъятной России столичные, губернские и уездные ГПУ посылают в СЛОН своих "государственных преступников".

Наибольший приток заключенных в Соловки наблюдается весной и в конце осени. В первом случае привозят тех, кто в период замерзания Белого моря ожидал своей отправки в концентрационный лагерь в тюрьмах внутренней России (главным образом в московской Бутырской тюрьме и на Шпалерной в Петербурге). Во втором случае — поздней осенью — в соловецкий лагерь вливается широкая волна "амнистированных контрреволюционеров".

Дело в том, что, обманывая Европу своей "гуманностью", советское правительство обычно ежегодно объявляет амнистию "всем врагам рабоче-крестьянской власти", приурочивая эту амнистию ко дню советского переворота — 25 октября (7 ноября по новому стилю). Но то же "гуманное" правительство через органы ГПУ одновременно отдает местным властям тайный приказ применять амнистию лишь к уголовному элементу. Поэтому провинциальные органы ГПУ "амнистируют" своих заключенных следующим способом (регулярно повторяющимся каждый год): за несколько недель, а иногда и за день до 25 октября часть "контрреволюционеров" расстреливается "в ударном порядке", остальные спешно отправляются на Соловки. Последние по изданному еще в 1923 году декрету Дзержинского никакой амнистии не подлежат.

В день октябрьского переворота на свободу из тюрем выпускаются амнистированные воры-профессионалы, убийцы, фальшивомонетчики, спекулянты, которых советская пресса на весь мир аттестует как "освобожденных и прощенных гуманной коммунистической властью политических преступников"!

Этот наглый обман иностранного общественного мнения повторяется каждую осень. К сожалению, есть люди, попадающиеся на эту провокаторскую удочку.

Прибытие каждой новой партии заключенных совершается всегда в одном и том же порядке.

Из Кеми заключенных привозят на барже "Клара Цеткин". Эта баржа была оставлена помогавшими генералу Миллеру англичанами.

Везут заключенных в трюме баржи. Трюм этот довольно велик, но "контрреволюционеров" всегда так много, что люди задыхаются в нем. Часто люди вынуждены всю дорогу стоять в полной темноте, ибо даже сесть нельзя из-за отсутствия места, свет же в трюм не проникает. Следует упомянуть, что в пути никакой пищи не выдается.

Соловецкая гавань расположена в трехстах приблизительно саженях от Кремля. Как только к пристани подходит "Клара Цеткин" с новой партией заключенных, вся гавань оцепляется красноармейцами. Никого к пристани не пропускают, кроме дежурных из чекистской роты надзора.

Вы сразу же чувствуете, куда попали. Вы сразу же понимаете, что это не ссылка, не вольное поселение, а тюрьма с самым жестоким режимом.

Заключенных выстраивают в колонну по 4 человека в ряд. Производится перекличка вновь прибывших по сопроводительному списку. Беспрерывно слышится самая мерзкая брань и издевательства со стороны чекистов. После переклички партию в воинском порядке ведут в Кремль, в один из ограбленных дочиста соборов (Преображенский) для обыска. Цепь конвоиров окружает партию со всех сторон.

Я сам подвергался этому вступительному обыску, видел, как обыскивали других. Это — замаскированный грабеж. Какое оружие, какая антисоветская литература может быть у людей, обысканных до Соловков по крайней мере раз двадцать и в центральной России, и в петроградском ГПУ, и в Кеми, и на Поповом острове?! Или чекисты думают, что это оружие или литература сваливаются на "Клару Цеткин" с неба по пути из Кеми в Соловки?

Обыск производится по особой инструкции, которая предусматривает отобрание у заключенных всех ценных вещей, денег, часов и кожаных изделий. Женщин обыскивают здесь же, совершенно не щадя их стыдливости, раздевая их при всех, глумясь над ними. Если кто пытается скрыть что-либо — скрытое немедленно конфискуется, а виновный попадает в карцер.

Прикрываясь видимостью "законности", соловецкие чекисты выдают особые расписки с перечисление отобранных вещей. Многие заключенные тут же рвут эти записки на мелкие части, ибо, конечно, нет никакой надежды получить свое имущество обратно. Вещи выдаются лишь чекистам и тем из заключенных, которые сумели втереться к ним в доверие.

После обыска партия разбивается на части: "контрреволюционеры", уголовные (так называемая "шпана") и заключенные-чекисты. Пользующиеся значительными привилегиями "политические и партийные" (бывшие социалисты) и доставляются в Соловки, и обыскиваются совершенно отдельно от "контрреволюционеров" и "шпаны".

После разбивки на группы прибывшие чекисты получают назначения по своей "специальности", а к "контрреволюционерам" вызываются ротные командиры.

Составленные из агентов ГПУ и наиболее опустившегося уголовного сброда, ротные командиры беспрерывно стараются угодить высшему соловецкому начальству безжалостным притеснением заключенных. Это — лагерный "комсостав" (командный состав), играющий роль самодержавных царьков, во власти которых казнить и миловать. Ротные командиры с недавних пор имеют особую форму: темно-синий костюм, околыш фуражки и петлицы — серые.

Вновь прибывшие разбиваются на роты, после чего каждый ротный командир обычно обращается к своим новым рабам с длиной речью. Она сплошь заполнена нецензурной бранью, грубыми наставлениями, как себя вести в лагере, угрозами за малейшее отступление от соловецких правил поплатиться жизнью.

Затем сразу же начинается "военное обучение". Каждый ротный командир заставляет уставших в бесконечном пути, голодных, полураздетых людей производить сложные построения, повороты. Отовсюду слышатся возгласы начальства:

— Отвечать, как командиру роты!

— Отвечать, как командиру полка!

— Как начальнику лагеря!

В ответ слышатся нестройные крики заключенных:

— Здрась... — с прибавлением соответствующего чина начальства.

Ротные командиры требуют большей согласованности в ответах. Раздаются, пересыпанные базарной бранью, новые приказания:

— Еще раз! Еще раз!..

Новое "здрась...", новая брань. И так порой продолжается до ночи. Дурацкая игра в солдатики совершенно сбивает с ног каждую новую партию "контрреволюционеров" и "шпаны". ("Политические и партийные" муштре не подвергаются, их сразу же отвозят на скиты.)

После муштры заключенные размещаются в "рабочих корпусах" и соборах. Последние первое время были закреплены за музейным отделом комиссариата народного просвещения. Но скоро ГПУ потребовало передачи их в свое владение. Да и делегаты наркомпроса убедились на месте, что никакого материала для музеев в соборах давно уже нет, все разграблено, разбито и сожжено.

Сплошь заставленные "топчанами" (деревянным койками), соборы для жилья в них абсолютно непригодны. Все крыши дырявые, всегда сырость, чад и холод. Для отопления нет дров, да и печи испорчены. Ремонтировать соборы Управление не хочет, полагая — не без основания, — что именно такие невыносимые условия жизни скорее сведут в могилу беззащитных обитателей соборов.

Вечный гнет, полное бесправие, скотская жизнь скоро приводят к тому, что вновь прибывшая партия быстро теряет человеческий вид. Люди в Соловках незаметно, может быть, для самих себя звереют. Появляется полнейшая апатия ко всему, что не имеет отношения к куску хлеба. Многие интеллигентные заключенные неделями не моются, свыкаются с миллионами вшей, покрывающими их тела, топчаны, пол и стены их жилищ. Отсутствие умственных интересов, книг и газет превращает их мозги в разжиженную, покорную всем посторонним влияниям слизь. Очень и очень многие в конце концов кончают безумием.

Все новички, попав в лагерь, теряются. Соборы и рабочие корпуса всегда напоминают больницу для буйнопомешанных. Начальство всех рангов и положений беспрерывно отдает порой просто невыполнимые приказания, бьет непослушных, кричит, ругается. Все время команды, учения, репрессии за "недостаточную дисциплину". Никто ни на одну минуту не предоставлен самому себе.

Опасаясь побегов заключенных, начальство кстати и некстати производило проверку. Первая, утренняя проверка производится зимой в 7 часов утра, летом в 6 (вставать заключенные обязаны в 5 часов утра). Все поверки изнурительно долги. Здесь тоже слышится бесконечная брань, и командиры рот снова учат, как отвечать начальству, как исполнять те или иные команды в строю.

Последняя энергия в Соловках уходит на непосильный труд.

Незначительную часть заключенных (человек около 300) по прямой инструкции центра или распоряжению местных властей вовсе не выпускают из лагеря на внешние работы из опасений побега. Эта часть заключенных работает внутри лагеря и Кремля по уборке помещений, рубке дров, чистке снега, выполняет подсобные работы в "роте специалистов", служит поварами, лакеями и конюхами у чекистов.

Не разрешая некоторым заключенным выходить за пределы лагеря, чем предполагалось наказать "подозрительных по побегу" людей, чекисты в действительности оказали им услугу, ибо "внешние" работы по своей тяжести оставляют далеко позади работы "внутренние".

Работают в Соловках всегда. Никаких воскресений и праздников нет. Не делается исключений и для особо священных для христиан дней: Рождества Христова и Пасхи. Наоборот, многие надсмотрщики-чекисты на Рождество и на Пасху заставляют заключенных работать вдвое.

В отделе "Труд заключенных" особого "Секретного положения о северных лагерях особого назначения" (разработанного еще в 1923 году ГПУ и утвержденного комиссией ВЦИКа) сказано:

"В лагерях устанавливается восьмичасовой рабочий день".

Фраза эта — горькое издевательство над людьми, которым и 10-часовой день кажется мечтой. В Соловках заключенные работают по 12 часов. Рабочие часы иногда еще удлиняются по простому распоряжению "десятника". ("Десятники" — выделенные из среды заключенных же помощники командиров рабочих рот, на каторжном труде заключенных делающие себе карьеру.) В особенности это относится к дням, когда Управлению бывает угодно устраивать "ударники", "субботники" и пр. В таких случаях никаких сроков нет. Работают буквально до потери сознания.

Существуют особые привилегированные работы: на пароходах, командировки в различные части Соловецкого и других островов на заводы, рыбную ловлю, сбор сена и пр. Артели таких рабочих живут при своих заводах, тонях и т.д., ввиду чего и чувствуют они себя свободнее, и чекистов вокруг них меньше. Попасть на такую работу очень нелегко. В командировки посылаются обычно совершенно надежные и преданные администрации заключенные из числа "шпаны".

Остальная же масса заключенных ежедневно выводится из лагеря в военном порядке, поротно, окруженная караулом и чекистами, на рубку леса, разработку торфа, сплав "баланов" (леса). Кроме того, заключенные грузят и выгружают пароходы и баржи, осушают болота, проводят новые дороги (грунтовые и железнодорожные) и ремонтируют старые.

Самый тяжелый труд — разработка торфа. Минимум задания очень высок, еле успеваешь к наступлению мрака выполнить свою долю. Приходится все время стоять по колено в воде. Не только высоких сапог, но зачастую и плохих ботинок у заключенных нет; люди ранней весной и поздней осенью леденеют от холода. К этому надо прибавить необычайное обилие комаров и особых ядовитых мух, превращающих работу на торфе и по осушке болот в сплошную пытку.

Очень тяжело достается заключенным и рубка леса, в особенности в зимнее время. Необходимо срубить, очистить от веток, распилить и сложить кубическую сажень в день. Все заключенные разбиваются на партии по три человека: два человека пилят, третий рубит. Мерзнут руки, ноги, тело, еле покрытое тряпьем. Работать приходится в глубоком снегу и значительную часть дня во мраке (на Соловках дни очень кратки, светло бывает часа 4-5).

По изнурительности и условиям работы сплав "баланов" не уступает лесорубке. Приходится по глубокому снегу тащить тяжелые сучковатые бревна к берегу. Каждый заключенный обязан притащить к берегу не менее полукуба. Летом эти бревна сплавляются к материку по морю.

Рабочие "контрреволюционеры" буквально падают с ног, выполняя свой минимум, в то время как "шпана", пользуясь своим привилегированным сравнительно с "каэрами" положением, всячески уклоняется от работы или выполняет ее крайне недобросовестно. "Шпана" изобрела целый ряд порой остроумных штук для обмана надсмотрщиков.

Так, при сплаве баланов уголовные очень часто "хоронят покойников": особо тяжелые и сучковатые бревна незаметно для администрации прячутся под близрасположенным кустом и засыпаются снегом. Это гораздо легче, чем тащить такой балан до самого берега. Обычно в таких случаях один из рабочих-уголовных, за которыми меньше присматривают на работах, стоит на страже, а другой "хоронит". Каждую весну после таяния снега неожиданно всплывают тысячи "покойников".

Проводя надсмотрщиков, "шпана" долгое время умудрялась при рубке леса сдавать бревна с сучьями или один и тот же куб дров сдавать два или даже три раза, что позволяло и раньше кончить свою трудовую повинность, и прослыть "хорошими рабочими". Это было в конце концов замечено, и администрация стала отмечать каждый уже принятый куб особым клеймом "Принято". Однако и это не помогло: "шпана" спиливала клеймо и снова сдавала все тот же куб. То же наблюдается и теперь.

Само собой разумеется, весь тот труд, от которого так или иначе уклоняется "шпана", ложится всецело на "каэров". Последние постоянно бывают вынуждены выполнить и свой, и чужой минимум.

Работать приходится при тех же условиях гнета и постоянных угроз. За своей спиной вы все время слышите щелканье курков и разговоры о том, что каждый плохо работающий будет тут же убит. Усталость или болезнь, понятно, считаются "буржуазными предрассудками".

В конце зимы 1925 года я был свидетелем такого случая. Один из заключенных, больной старик из "каэров", незадолго до окончания работ совершенно выбился из сил, упал в снег и со слезами на глазах заявил, что он не в состоянии больше работать. Один из конвоиров тут же взвел курок и выстрелил в него. Труп старика долго не убирался "для устрашения других лентяев"...

Хаотическая бессистемность, беспорядочное бросание из стороны в сторону, от одного "гениального" плана к другому, столь характерное для всей соловецкой жизни, полностью наблюдается и на работах. Последние не приносят почти никакой пользы Управлению, ибо распоряжения одних "начальников", одних надсмотрщиков сводят на нет или вносят колоссальную путаницу в распоряжения других. Каждый заключенный стремится вести себя на работах так, будто он действительно делает что-то очень важное, в действительности занимаясь хотя бы никому не нужным перетаскиванием одного бревна на место другого или наоборот. Тягостный, утомляющий труд пропадает совершенно даром.

Хотя Управление не устает "натаскивать" красноармейцев-конвоиров против заключенных, но в смысле взяток конвоиры ничем не отличаются от самого Ногтева. Угощая красноармейцев папиросами, подкармливая их и пр., можно и облегчить свою работу, и даже вовсе освободиться от нее. Таким образом, и в области соловецкого принудительного труда деньги имеют первенствующее значение.

Мне уже приходилось выше говорить, что на Соловках очень распространены особые словечки и целые фразы на своеобразном уголовно-чекистском жаргоне. То и дело слышишь отовсюду такие слова, как "стучать" (доносить, провоцировать), "стукач" (шпик), "идти налево" (быть расстрелянным), "сексот" и "сексотка" (секретный сотрудник или сотрудница ГПУ), "шпана" или "шпанка" (уголовные, мужчина и женщина), "шмара" (чекистская любовница) и многое другое. Но чаще и упорнее всего вы слышите на Соловках все то же ставшее таким обычным и понятным в бесконечных вариациях и переделках слово "блат".

Трудно совершенно точно определить значение этого уголовного выражения. Блат — это смесь и собственной ловкости, умения лавировать между подводными камнями соловецкого режима, и протекция начальства, и та система общей подкупности и продажности, при которой за деньги, за подачку или лесть чекистам вы значительно облегчаете свое положение.

В Соловках все делается "по блату". Если заключенному как-нибудь удается пройти в "господскую баню" (т.е. не общую, только для администрации), другие заключенные говорят:

— Это он по блату.

Бывают "блатные" работы (сравнительно легкие). Бывает и полное освобождение от работ — по тому же блату. Если заключенный встречает некоторое послабление в смысле облегчения режима, улучшения питания, чаще пишет домой письма, даже просто здоровее и веселее других заключенных, весь лагерь знает, что этот человек путем ли взятки, путем ли особых услуг чекистам, но на некоторое время отвел от себя тяжелую руку Ногтева, командира роты или надзирателя. О таком человеке неизменно говорят: "У него там блат..." — причем под "там" разумеются соловецкие "высшие сферы".

Всемогущий блат — сила в лагере слишком значительная и ярко бросающаяся в глаза, чтобы можно было преувеличить ее значение. Недаром в Соловках слагаются и особые песенки, своего рода молитвы, посвященные тому же всемогущему блату.

Надо ли говорить, какой любовью пользуется все тот же блат, когда дело касается получения продуктов.

Как это ни странно. но в первые годы существования северных лагерей особого назначения, в годы усиленного "красного террора", питание заключенных было поставлено лучше, чем теперь, — относительно, конечно. Эвакуируя Архангельский и Мурманский фронты, белая русская армия генерала Миллера и английские отряды оставили в районе своих действий довольно значительное количество различных продуктов и припасов: муку, сахар в особых кубиках, американское сало, консервы, мыло; было оставлено и некоторое количество английского обмундирования. За невозможностью из-за расстройства железнодорожных путей вывезти все это в центр продукты выдавались заключенным соловецкого лагеря. Правда, порции всегда были чрезвычайно малы, всегда выдавались с таким расчетом, чтобы люди не умерли лишь с голоду, но запасы продуктов были и выдавались они регулярно, и главное, на руки — в сухом виде.

Английские продукты были скоро исчерпаны, и Управлению пришлось самому кормить заключенных.

В настоящее время все "контрреволюционеры" и "шпана" получают приблизительно по три четверти фунта черного хлеба в день; к выдаче полагается фунт, но при выпечке хлеба, при раздаче его "ротам" и дележке каждый "администратор" крадет понемногу, и в конечном счете фунт теряет по крайней мере четверть. На хлеб заключенным идет худшая, часто испорченная мука. Выдается он сразу на неделю, а потому быстро черствеет.

Тяжесть вашей работы не имеет значения, порция одна и та же для всех категорий рабочих. Порция эта, конечно, совершенно недостаточна даже для заключенных-канцеляристов, не говоря уж о занятых тяжелым физическим трудом на торфе или лесных разработках.

Сахар выдается в микроскопических дозах — ровно половина того, что полагается и проводится по книгам хозяйственной части; украденный у заключенных сахар администрация продает в свою пользу. В целях того же обкрадывания постоянно слышишь, что сахар "рассыпался в пути, а потому хозяйственная часть вынуждена уменьшить выдачу"; раздатчики наливают в мешки с сахаром (песочным) воду, дабы увеличить его вес.

До последнего времени заключенные совершенно не получали табаку, хотя табак из центра получался и по книгам лагеря значился выданным. Один из чекистов-заключенных, отсидев свой срок и явившись в Москву, сообщил об этом в хозяйственный отдел ГПУ, после чего в Соловках стали выдавать табак (махорку) по четверть фунта в неделю. В книгах же, как это я сам видел неоднократно, значится, что табак выдается по полфунта в неделю.

Чай, масло (постное), мыло и прочее совсем не выдаются заключенным, хотя они и присылаются из центра. Все это еще на материке Ногтев и компания продают спекулянтам, присваивая деньги себе.

Горячая пища выдается два раза в день: обед и ужин. Обед состоит из отвратительного супа на треске без каких бы то ни было приправ и двух ложек каши, обычно пшенной; на ужин — снова каша, тоже обычно пшенная (редко гречневая), в том же скудном количестве и без масла. Крупа для каш отпускается затхлая.

Хозяйственная часть доносит в Москву о том, что "имеющийся в лагере скот идет в пищу заключенным". Это в лучшем случае фантазия. Заключенные питаются исключительно треской, не всегда свежей. В очень редких случаях — по коммунистическим праздникам (например, 7 ноября или 1 мая) — в общую кухню с бойни привозятся головы, ноги и хвосты зарезанного скота. В такие дни несчастным заключенным нищенский соловецкий обед кажется пиршеством Лукулла. Отдаются в общую кухню и туши заболевшего скота, в результате чего я был свидетелем ряда отравлений.

Мечта всего лагеря — получать продукты для обеда и ужина на руки и самому готовить себе пищу — для подавляющего большинства неосуществима. Такой порядок сузил бы рамки административного грабежа, а потому выдача продуктов на руки производится только по блату. ("Политические и партийные" получают все продукты только на руки; об их пайке я буду говорить в следующей главе подробнее.)

Читатель уже знает, что по милости администрации соловецкая "центрокухня" находится рядом с "центросортиром". Это обстоятельство, а также крайняя нечистоплотность поваров "центрокухни" (исключительно из числа "шпаны") превратили кухню в мерзостную клоаку. Только систематически голодающие соловецкие узники могут есть эти вонючие "обеды" и "ужины". Все вновь прибывающие заключенные продолжительное время не могут без отвращения и позывов к рвоте подносить ложки ко рту.

Повара "центрокухни" не только обкрадывают заключенных при варке и раздаче обедов и ужинов, но и отдают всегда явное предпочтение своему "классу" — таким же уголовным — в ущерб "каэрам", никогда не получающим полностью даже свои скудные порции.

В "центрокухне" почему-то никогда нет кипятку. Заключенным сплошь да рядом приходится самим кипятить воду в консервных жестянках.

Ни тарелок, ни ложек, ни ножей заключенным в Соловках не выдается. Все это "каэры" должны привозить с собой или покупать в соловецких ларьках. Кто с собой ложки не привез, а денег купить ее нет — ест руками.

Опровергая "наглую клевету кровавой буржуазии", правдивое московское ГПУ всем прибывающим в Москву иностранным рабочим делегациям заявляет, что заключенные в Соловках не только "получают вполне достаточный паек", но при особо тяжелых работах, когда необходимо усиленное питание, им выдаются особые суммы на руки помимо "вполне достаточного" пайка.

Конечно, это чекистская басня. Весьма возможно, что "премиальные" (в размере от 20 до 60 копеек в день) и полагаются; вне всякого сомнения, эти "премиальные" проводятся в отчетностях лагеря, но никто из заключенных никогда ни копейки не получал, не получает и получать не будет. В некотором смысле я могу считать себя "соловецким старожилом"; привезенный из архангельского лагеря, я прибыл на Соловки в первый же день их превращения в СЛОН и пробыл в них около трех лет. За этот период я прошел всю лестницу принудительных работ, от канцелярских до торфа и лесорубок. Но ни разу за свой труд, в чем бы он ни заключался, я не получил ни одной копейки.

Выдача заключенным "премиальных" совершенно не соответствовала бы основному смыслу северных лагерей особого назначения; всяческими мерами, непосильным трудом, голодом, моральным и физическим гнетом обречь на смерть всех соловецких узников.

Строго следуя своей цели, для чего, спрашивается, Дзержинский, Бокий, Ногтев и прочие стали бы отдалять выдачей "премиальных" столь желанную гибель "врагов советской власти"?

"Контрреволюционеры" не только отдают все свои силы, весь свой труд в жертву ненасытному ГПУ и его соловецким агентам. Соловецкие узники обязаны и развлекать лагерную администрацию.

Для этого и устроен (в бывшей ризнице) "культпросвет" — "культурно-просветительный" блеф, яркими большевистскими плакатами, портретами богов коммунистического Олимпа, громкими словами прикрывающий свое убожество.

Столп и утверждение вообще всего советского строя — реклама, бешеное раздувание "великих завоеваний октябрьской революции", хотя бы эти завоевания и ограничивались бы развитием людоедства, поголовной неграмотности и венерических заболеваний. Тем же целям саморекламы служит и соловецкий "культпросвет":

"Европейская кровавая буржуазия разносит небылицы о Соловках, а в лагере даже культурная работа ведется!.."

Ведется же она так.

К принудительному труду в "культпросвете" насильно привлекаются художественные силы из числа заключенных (в лагере довольно много писателей, артистов, художников, музыкантов, певцов; обычно вся вина этих "контрреволюционеров от искусства" заключается в том, что они бесстрашно защищали старые традиции литературы, живописи, музыки и театра от бездарно-футуристических наскоков советских "гениев" типа Мейерхольда). Эти подневольные культурные работники в правах и обязанностях ничем не отличаются от помещичьих трупп эпохи крепостного права.

Их заставляют выступать в пошлых агитационных спектаклях и концертах, лубках и пьесках, идеализирующих советскую власть и лагерную жизнь. Нашлись среди заключенных актеров и подхалимы, зарабатывающие расположение к себе администрации эксплуатацией труда и таланта других артистов, вынужденных под угрозой репрессий развлекать чекистов подлинной игрой и смехом сквозь слезы. Таковы, например, артист драмы Беринг, человек не без театральных способностей, но нравственно павший, пьяница и плут, и некий Арманов, шарлатан и полнейшая бездарность, что, однако, не мешает ему выдавать себя за артиста известного московского театра Корша.

"Культработники" сведены в особый "коллектив". Эта трагикомическая организация носит название, как нельзя более ярко иллюстрирующее ее удельный художественный вес, — "Х Л А М".

Это вполне официальное наименование получилось в результате пресловутого советского сокращения слов: х[удожники], л[итераторы], а[ртисты], м[узыканты]. Весь трагизм, вся бездна издевательства над настоящим искусством станут читателю понятными, если сказать, что довольно продолжительное время в пошлых балаганах ХЛАМа вынужден был участвовать даже известный Карпов, бывший режиссер петроградского Александринского театра!

В противовес ХЛАМу чекисты создали при том же культпросвете и коллектив уголовных артистов, присвоив ему название "С в о и". Театральная и просветительная деятельность "шпаны" направлена главным образом на осмеяние и поругание "антилигентов". Администрация деятельно поддерживает этих "своих" и травлю ими "каэров".

Кривляние, клоунские выходки на сцене культпросвета ненормально бодрящихся, загнанных и голодных "каэров" производит жалкое впечатление. Громадное большинство заключенных-интеллигентов не посещает культпросветских спектаклей и концертов. Никогда не забуду, с какой душевной горечью сказал мне как-то один из моих товарищей по рабочей роте, видный русский профессор:

— Бывать в культпросвете? Но зачем? Чтобы еще глубже понять весь безысходный ужас своего положения? Чтобы это издевательство над театром, над искусством лишний раз напомнило, что ты — бессловесный скот? Будь все они прокляты!..

Спектакли, концерты и лекции, рассчитанные на пускание пыли в глаза ГПУ и развлечение соловецких помпадуров, бывают бесплатные и платные. В первом случае чекисты набивают бывшую ризницу заключенными, заставляя их выслушивать многочасовую чушь коммунистических кликуш. Во втором, когда ставятся глупые, часто непристойные фарсы, зал переполнен администрацией и заключенными-спекулянтами, устраивающимися и на Соловках с возможным комфортом.

Эти платные спектакли снова убийственно для самих же большевиков подчеркивают основной мотив соловецкого быта: имеющий деньги нэпман даже в концентрационном лагере живет "как дома".

Демагоги, "равенство" своей программы превратившие в небывалый гнет меньшинства над большинством, то же неоспоримое "завоевание октября" ввели и в тюрьму!

Культпросвет получает из центра несколько журналов и газет: "Безбожник", "Известия ВЦИК", московскую и петроградскую "Правду" и другие.

Благодаря нерегулярному сообщению летом и полному прекращению всякой связи с материком зимой газеты эти приходят часто несколько месяцев спустя по их выходе в Москве или Петрограде, а потому их никто не читает. Зато большим успехом пользуется литература религиозная. Кому-то из заключенных удалось с большим трудом и риском провести в лагерь отдельные главы из Евангелия; главы эти очень быстро в сотнях рукописных копий разошлись по рабочим ротам.

Абсолютная невозможность хотя бы в скудной степени удовлетворить умственные запросы тягостно отзывается на заключенных. Я знал людей, некогда бывших гордостью столичных интеллигентных кругов, которые после 2-3 лет пребывания на Соловках разучивались писать!

Я до сих пор не могу понять, для чего в соловецком

лагере существует "лазарет". Приходится и его отнести всецело в общую, не лишенную известной стройности систему потрясающего надувательства — и своего, и чужих народов — соловецкой "гуманностью".

Лазарет находится в ведении так называемой санитарной части ГПУ. Последняя, однако, ничем не помогает своему детищу. Соловецкий лазарет не имеет денег, не имеет нужного персонала.

По причинам, о коих мне уже приходилось говорить выше, прибывающие в лагерь в числе заключенных настоящие врачи всячески скрывают свою профессию. "Лечение" больных поручается Управлением так называемым "липовым докторам" — самозванцам из санитаров и ротных фельдшеров в лучшем случае или просто уголовного сброда — в худшем. Такие самозванцы предъявляют в лагере фальшивые или украденные документы и назначаются на ответственные должности в лазарет.

Редко, правда, но бывают такие случаи, когда лечением заключенных занимается настоящий врач или более или менее толковый самозванец, кое-что в медицине понимающий. Но могут ли приносить должные плоды усилия таких врачей, если в "лазарете" нет даже йода, ваты, бинтов почти никогда нет, если спирт для нужд лазарета регулярно выпивается чекистами, если палаты засыпаны пылью, грязью, вшами, если лазарет отапливается в той же мере, как и рабочие роты, если, наконец, при любой болезни выдается все тот же неудобоваримый паек, черствый черный хлеб, вонючий суп, гнилая треска?

По соловецким законам, рассчитанным на демонстрирование их заграничным рабочим делегациям, лагерный врач должен освобождать больных или нетрудоспособных заключенных от работ, выдавая им соответствующее удостоверение.

Но понятия "болезнь" и "нетрудоспособность" нигде так не растяжимы, как на Соловках. Если у вас туберкулез в последней стадии, это далеко не значит, что вас оставят в покое умирать. Ежедневно чины команды надзора выгоняют на работы явно больных людей.

Освобождение от работ чрезвычайно редко практикуется в лагере: "липовые врачи", действующие в тесном контакте с чекистами, считают даже смертельную болезнь заключенного "злостной контрреволюцией", которую следует карать двойной порцией работы; настоящие врачи остерегаются выдавать удостоверения об освобождении от работ по болезни, опасаясь навлечь на себя модное в лагере обвинение в "пособничестве злостному отказу от работ".

Кроме того, да не подумает читатель, что медицинские свидетельства действительно облегчают положение больного на Соловках. Скорее наоборот, что видно хотя бы из такого пример (примеров таких — тысячи; вообще, иллюстрируя свой рассказ тем или иным фактом, я останавливаюсь на нем отнюдь не по причине его исключительности, а лишь потому, что я был участником или очевидцем его).

Сидел в лагере некий Грюнвальд, немец-агроном, германский подданный; Грюнвальд очень плохо понимал по-русски, почти не говорил на этом языке, что, однако не помешало ГПУ назвать его "организатором контрреволюционно-шпионского заговора" и прислать в Соловки. Летом 1925 года Грюнвальд, человек вообще нездоровый да еще просидевший долгое время в десятках советских тюрем, заболел и заявил командиру своей роты, что не может работать.

Это показалось чекистам "злостной контрреволюцией". Чины команды надзора, угрожая револьверами, приказали "немецкому буржую" выйти на работу; тот имел мужество отказаться, ссылаясь на свою болезнь, очевидную и для чекистов. Тогда один из надзирателей, латыш Сукис, жестоко избил больного Грюнвальда. Несчастный агроном долгое время пролежал в своей роте в бессознательном состоянии, облитый кровью.

Придя в себя, Грюнвальд кое-как дотащился до лазарета и как-то упросил доктора осмотреть его и выдать ему медицинское свидетельство об искалечивших его побоях. Получив нужную ему бумагу, Грюнвальд заявил, что, Бог даст, ему удастся вырваться из Соловков, приехать на родину и предать гласности имеющийся у него документ о зверских насилиях чекистов над больными заключенными.

Этого было достаточно, чтобы Грюнвальда посадили в устроенный в самом Кремле "изолятор" (карцер). А вскоре агронома обвинили в желании бежать из лагеря и приговорили к месяцу в знаменитом "строгом изоляторе" не менее знаменитой Секирки.

Везти на место пыток Грюнвальда (он, еще не оправившись от болезни и побоев, не мог идти) было поручено тогдашнему "заведующему рабсилой" (учетом и распределением рабочей силы) Иванову, бывшему прапорщику и офицеру белой армии, донскому казаку. Не доверяя Иванову, администрация посадила рядом с агрономом конвоира, того же латыша Сукиса.

Лошадью правил Иванов. Приблизительно на полпути до Секирки (12 верст от Кремля) бывший председатель услышал приказание Сукиса:

— Остановись!

Не успел Иванов натянуть вожжи и спросить о причине внезапной остановки, как сзади него раздался выстрел. Оглянувшись назад, он увидел револьвер в руках латыша и падающее на землю тело убитого Грюнвальда. По положению трупа и току крови можно было заключить, что выстрел был произведен в затылок лежавшего лицом к телеге агронома...

Вернувшись в Кремль, Сукис доложил, что "Грюнвальд пытался бежать, был мной настигнут и убит после предупреждения и приказания остановиться".

Вот к каким результатам приводят соловецкие медицинские свидетельства!

Понятно, что подавляющее большинство больных избегают лазарета, преодолевая болезнь или умирая в рабочих ротах, режим и обстановка которых ничем не отличаются от лазаретных. Понятно также, почему смертность на Соловках непрерывно прогрессирует. Заключенные умирают совершенно беспомощно, главным образом от цинги, туберкулеза, систематического недоедания, малярии, разрыва сердца. Очень много случаев психических заболеваний. "Шпана" и значительная часть чекистов служат рассадником венерических болезней, весьма распространенных в лагере.

Ниже я буду говорить, какое наказание постигает каждую забеременевшую в Соловках женщину из числа заключенных. Пока упомяну только, что в лагере имеется акушерка, "каэрка", но ей запрещено оказывать помощь роженицам.

Есть среди заключенных и зубные врачи (между прочим, некий Маливанов из Москвы), но ввиду полного отсутствия инструментов и лекарств они ничем не могут помочь своим товарищам по заключению. Кстати, довольно интересно и характерно дело вышеназванного дантиста Маливанова. Когда Россию постиг необычайный голод и американские благотворительные организации покрыли всю страну густой сетью питательных пунктов (так называемых "Ара"), доктор Маливанов был переводчиком в московском складе "Ара", совершенно безвозмездно помогая американцам в их святом деле. Когда же, выражаясь советским языком, голод был "ликвидирован" и весь иностранный штат "Ара" отбыл в Америку, доктора Маливанова и целый ряд других русских сотрудников "Ара" ГПУ обвинило в "экономической контрреволюции" (?!) и послало на три года в Сибирь и Соловки.

За незначительные "преступления" заключенные попадают в карцер, устроенный в одном из корпусов Кремля. Сидящих в карцере на прогулки не выпускают, выдают им уменьшенный паек, держат в абсолютной темноте днем и ночью.

"Преступления" более значительные — отказ от работ, попытка к побегу, неисполнение распоряжений администрации, пререкания с надзирателями и т.д. — влекут за собой Секирку.

Некогда на Секировой горе существовал скит. Монахи выстроили на горе церковь, два дома и хозяйственные службы. Теперь здесь штрафной изолятор.

Церковь на Секирке — двухъярусная. В верхнем ее этаже помещается так называемый строгий изолятор, нижний отведен под изолятор №2. Церковь соединена крытой галереей с домом (бывшие кельи), в которых теперь живут дежурные надзиратели (пять человек), комендант изолятора и помещается канцелярия. К северу от церкви и квартир начальства Секирки расположен еще один дом, занятый ротой Соловецкого полка особого назначения, охраняющей Секирку.

Все постройки — дело рук монахов. Советское "строительство" ограничено лишь тремя сторожевыми будками вокруг церкви, как будто из наглухо закрытой церкви можно бежать.

Каждый ярус разбит на три отделения: общая камера, ряд камер для одиночных заключенных и особые камеры для привилегированных "секирчан". Дело в том, что даже в штрафном изоляторе можно за взятку облегчить свое положение; были даже случаи, когда отправленные из Кремля в штрафной изолятор спекулянты устраивались за деньги в комнатах надзирателей.

Оба яруса совершенно не отапливаются. Все окна забиты специальными щитами. В камерах полная темень и ледяной холод. По прибытии заключенного на Секирку у него немедленно отбираются все вещи, табак, хлеб. Осужденных в строгий изолятор раздевают и вталкивают в камеру в одном белье.

В камерах обоих ярусов нет ни коек, ни каких бы то ни было постельных принадлежностей (если кто и привез с собой подушку или одеяло, это сейчас же отбирается). Люди спят в одном белье на покрытом инеем каменном полу церкви.

В нижнем ярусе выдается штрафной паек: $^1/_2$ фунта хлеба в день и раз в день пшенный навар (пшено из этого "супа" тщательно вылавливается надзирателями). Заключенные в строгом изоляторе (наверху) обречены на медленную пытку голодом: они получают около полфунта хлеба в сутки и кружку горячей воды через день. Это и весь паек. Необходимо подчеркнуть, что такой "паек" проводится по кровавым книгам Секирки; принимая во внимание поголовное воровство соловецкой администрации, на самом деле он еще меньше. Кроме того, во власти каждого надзирателя штрафного изолятора и вовсе не выдавать ничего какому-нибудь "злостному контрреволюционеру".

Какие результаты дает "питание", видно хотя бы из того, что никто из администрации Секирки не рискует показаться в камерах строгого изолятора: умирающие с голоду заключенные уже через неделю превращаются в зверей, набрасываются на стражу, душат вновь прибывающих. Камеры верхнего яруса закрыты висячим замком снаружи. Часты случаи умопомешательства. На дикие вопли, безумный стук в двери никто, конечно, не обращает внимания.

Главный процент заключенных на Секирке — отказавшиеся от работ. А так как таковой отказ всегда вызывается болезненным состоянием, то и верхний, и нижний ярус церкви наполнены явно больными людьми.

Результаты не заставляют себя ждать. Ежедневно на Секирке кто-нибудь из заключенных умирает от голода или просто замерзает в камере. Недаром каждой осенью близ Секирки роется бесчисленное количество могил, заготовленных на зиму, когда смертность в штрафном изоляторе особенно велика (могилы роют заключенные).

Назначенный в нижний ярус за "непослушание законному начальству", я по ошибке попал в строгий изолятор, в котором до выяснения дела пробыл только два дня, и то за это время успел заболеть острым воспалением легких. Что же может ожидать человек, посланный в строгий изолятор на месяц?

Заведует Секиркой комендант ее Антипов, чекист, бывший чернорабочий. Не побывавшему в штрафном изоляторе трудно понять и представить себе всю кровожадность этого палача.

Заведует канцелярией Секирки некий Лебедев. Во время гражданской войны на юге России Лебедев был казачьим офицером и одновременно тайным агентом большевиков. В 1920 году он занимал должность следователя новороссийской ЧК и за поразительное даже для чекиста взяточничество попал в Соловки. В лагере Лебедев был некоторое время заведующим "рабсилой" (рабочей силой), затем помощником заведующего кожевенным заводом. В одно прекрасное утро сам Ногтев поймал Лебедева на краже в свою пользу кож, за что талантливый чекист был отправлен на Секирку. Здесь он просидел несколько дней в камере для привилегированных заключенных, обратил на себя внимание Антипова доносами на товарищей по заключению и попал в канцелярию.

За что людей посылают на смерть, читатель может заключить из такого случая.

Один из соловецких "контрреволюционеров", глубокий старик (не расстрелянный именно из-за своей старости), бывший прокурор одного из кавказских окружных судов, долго просил выдать ему хотя немного сахару из монастырского ларька в счет отобранных у него денег. После долгих препирательств бывшему прокурору выдали полфунта... конфет, очень дорогих, заявив ему, что теперь его счет исчерпан.

Вынужденный соловецкими усилиями дрожать буквально над каждой копейкой, несчастный старик стал добиваться обмена конфет на сахар. Вместо последнего он получил конвоира с сопроводительной на Секирку бумагой такого содержания:

"Посадить в строгий изолятор на 1 месяц за возбужденное отстаивание своих прав"...

Устраивая скиты, монахи обычно выбивали в скалах и стенах особые ямы для хранения в них продуктов. Ямы эти — или, как их называли на Соловках, "каменные мешки" — использованы администрацией скитов для жестокого наказания "контрреволюционеров". В узкие сырые ямы заставляют лезть провинившихся, загоняя в "каменные мешки" ударами прикладов или "смоленских палок". В такой средневековой клетке заключенный проводит от одного дня до недели, не имея возможности ни сесть, ни лечь, ни вытянуться во весь рост.

Очевидно, смертность от Секирки и "каменных мешков" не удовлетворяет Ногтева и его помощников. Смерть медленная — от голода, холода и побоев — дополняется смертью быстрой — расстрелом.

Число расстрелянных обычно доходит до 10-15 человек в неделю. "Высшая мера наказания" — расстрел — применяется значительно чаще в том случае, если советскую власть постигают внутренние или внешние неудачи, когда ГПУ удваивает свою месть "контрреволюционерам". Грузинское восстание, ультиматум лорда Керзона, провал коммунистической "работы" в Германии, Турции, колониях, голодные бунты, подавление эстонского и болгарского восстаний, неудачи советской дипломатии на различного рода конференциях — все это сразу же отзывается на Соловках, сразу же увеличивает число чекистских жертв.

Если расстрел того или иного заключенного почему-либо нежелателен, администрация устраивает "естественную смерть". Так, в конце осени 1925 года в строгом изоляторе был буквально заморен голодом епископ Тамбовский Петр.

Широко пользуясь доносами, провокацией, привлечением в ряды своих агентов неустойчивых людей из заключенных, чекисты, использовав до конца этих купленных лишним куском хлеба "сексотов" (секретных сотрудников ГПУ), отправляет их на Конд-остров. В некоторой степени эта мера вызывается и вполне понятным враждебным отношением всего лагеря к таким предателям. Вообще на Конд-остров попадает тот, кого, по мнению администрации, следует "изолировать".

Комендантом Конд-острова теперь является некий

Сажин, бывший начальник управления местами заключений в одной из губерний России. Сажин сам прошел карьеру "сексота", сам занимался "стуком". На Конд-острове с небольшим, в общем, количеством заключенных (человек 150) Сажин — царь и бог.

На Большом Заяцком острове некогда существовал благоустроенный скит с церковью и монашескими кельями. Теперь на нем — женский штрафной изолятор. Заведует им некий Гусин, видный деятель крымской ЧК в период расправы Бэла Куна над беззащитными "белыми" пленными.

В этот изолятор посылаются "провинившиеся" заключенные-женщины. Главной виной считаются... роды. Таким образом, безнаказанно насилуя "каэрок" и уголовных женщин, заражая их венерическими болезнями и делая их матерями, чекисты свою вину, свое преступление возлагают на подневольных жен и "шмар" (любовниц). Сейчас же после родов ребенка отнимают у матери, отправляя ее в женский штрафной изолятор, режим в котором почти ничем не отличается от Секирки.

V

Пристально вглядываясь в пеструю массу соловецких заключенных, внимательный наблюдатель сразу заметит три основных подразделения обитателей соловецкого лагеря особого назначения:

1) бывшие социалисты,
2) уголовный элемент,
3) "контрреволюционеры".

Уже из одного того факта, что только бывшие социалисты во всех советских тюрьмах и ссылках считаются политическими преступниками (называясь официально "политическими и партийными"), видно, что только эта категория заключенных поставлена в такие бытовые рамки, когда она имеет право требовать и требует к себе иного отношения, чем к остальной массе советских арестантов, официально именуемой "бандитами".

Соловецкие "контрреволюционеры" — категория также, конечно, чисто политическая; в эту группу входят исключительно лица, заподозренные или уличенные в идеологическом или активном противодействии советской власти. Но не имея за своей спиной тех влиятельных защитников, которых мы видим у бывших социалистов, "контрреволюционеры" во всем приравнены к преступникам чисто уголовным со всеми вытекающими отсюда трагическими последствиями.

До революции 1917 года деятельность всех антимонархических партий в России тесно переплетались между собой. Вся радуга революционных русских течений — анархисты, левое крыло социал-демократии (большевики), правое ее крыло (меньшевики), социалисты-революционеры, левые и правые — была едина в своей разрушительной работе. Естественно, это привело к тесному знакомству и связям между лидерами и отдельными рядовыми членами различных социалистических групп.

Вот почему теперь, когда одна из этих групп — большевики — захватила в России власть, а остальные превратились в ее оппозицию, среди видных деятелей советского правительства можно найти немало лиц, которые в силу былых отношений, а зачастую чувства дружбы, всячески стремятся облегчить положение своих заключенных в тюрьмы сотоварищей — "политических и партийных", несмотря на резкое иногда противодействие ГПУ.

Второй причиной постепенного улучшения режима для "политических и партийных" является то, что после октябрьского переворота огромное количество бывших анархистов, меньшевиков, эсеров и пр. решительно примкнуло к большевикам и, вступив в коммунистическую партию, всемерно, конечно, влияет на правительство в смысле благоприятном для "политических и партийных".

Так, например, под давлением слившихся с большевиками социалистов советское правительство заставило ГПУ поручить ведение всех дел "политических и партийных" следователю Андреевой, бывшему видному члену партии социалистов-революционеров, теперь коммунистке.

Третья причина разного рода привилегий, которыми пользуются в тюрьмах и ссылках "политические и партийные", — давление социалистических кругов Европы. Хотя лидеры коммунистической партии и отрицают этот очевидный факт, хотя западноевропейских социалистов большевистская пресса и называет "социал-предателями", требования и ходатайства последних заметно улучшают судьбу "политических и партийных".

Понятно поэтому, почему советская власть видит в "политических и партийных" скорее не врагов, каковыми в действительности являются, например, "контрреволюционеры", а блудных сынов от социализма, которых до полного прощения и принятия в коммунистическую партию следует наказать тюрьмой и ссылками.

Как живут "политические и партийные" в Соловках?

От расположенной на южном берегу Соловецкого острова монастырской гавани и массивного Кремля ведет ряд дорог, железных и грунтовых. Одна из них, грунтовая, проведена левее путей на острове Большая Муксульма, Пертозеро и на Анзерский остров и тянется мимо Секирки с ее штрафным изолятором к Савватиевскому скиту. Последний находится в юго-западном углу Соловецкого острова, верстах в двенадцати от Кремля.

Савватиевский, а также — частично — Муксульмский скиты и были с самого начала приспособлены для "политических и партийных".

Савватиевский скит, некогда богатый филиал монастыря, состоит из ряда каменных зданий, небольшой церкви и часовен. Здесь же расположены деревянные службы — сараи, конюшни и пр.

Церковь и часовни давно уже заколочены; содержимое их расхищено или сожжено. Скит окружен высоким забором. Еще одно проволочное заграждение окружает двухэтажный каменный дом с большим числом комнат — бывших монастырских келий.

В этом бывшем монашеском общежитии и проживало до последнего времени большинство "политических и партийных" — человек около 200. Остальные (человек 150) были разбросаны по Муксульмским скитам и пустынькам.

Режим, установленный на Соловках для бывших социалистов, и сравнивать нельзя с режимом для других категорий заключенных.

Прежде всего надо отметить, что "политические и партийные" никогда не работали. Лесорубки, торф, сплав бревен со всеми их ужасами никогда не были знакомы этой привилегированной группе заключенных. Еще в 1922 году ГПУ отдало распоряжение по всем тюрьмам, лагерям и ссылкам о том, что "политические и партийные" должны освобождаться от всех принудительных работ.

До 1924 года продукты, выдаваемые на Соловках бывшим социалистам, были такого же качества, как и выдаваемые остальным заключенным, лишь в большем количестве. В 1924 году "политические и партийные" объявили забастовку, требуя выдачи им улучшенного питания. Отличаясь своей сплоченностью, вся их группа не остановилась и перед голодовкой в знак протеста.

Устрой это "контрреволюционеры", голодовку советская администрация назвала бы бунтом, и не один десяток "каэров" пал бы под чекистскими пулями. Но недаром "политических и партийных" считают "соловецкой аристократией", недаром их интересы энергично защищают и правые коммунисты, и социалисты Запада. Требование было удовлетворено. С той поры этой категории заключенных стали выдавать в обильном количестве белый хлеб, мясо, яйца, сахар, табак, жиры, фрукты.

Несколько лет тому назад в Москве образовался так называемый Политический Красный Крест под руководством госпожи Пешковой (жены известного писателя Максима Горького). Эта организация, имея филиалы во всем мире, собирает для политических заключенных в советских тюрьмах одежду, продукты и деньги. А так как "контрреволюционеры" коммунистами не считаются политическими арестантами и приравнены к "уголовным бандитам" — вся помощь Политического Красного Креста шла только бывшим социалистам.

Эта вопиющая несправедливость все остальные категории заключенных на Соловках доводит до слез. Попытки исправить это жестокое игнорирование нужды и голода "каэров", сравняв их с "политическими и партийными", — увы! — ни к чему не привели. Мольбы о помощи со стороны "каэров" Политический Красный Крест оставляет без последствий.

Приведу вопиющий случай. В прошлом году очередная партия платья и продуктов от Красного Креста была по ошибке — в первый раз за все существование лагеря! — распределена между всеми заключенными. Об этом стало известно в Москве, и Политический Красный Крест распорядился отнять у "каэров" полученную им одежду и съестные припасы! Все вырванное из голодных ртов и снятое с голых людей было отправлено в Савватиевский скит — "политическим и партийным".

В некоторых странах Европы и Америки, в свою очередь, образованы особые общества помощи политическим заключенным в советской России. Частью этих обществ руководят иностранные социалисты, частью — левые круги русской эмиграции (в Париже, Берлине, Праге и т.д.). И снова та же картина: вся помощь идет исключительно только так называемым "политическим и партийным", то есть той категории советских арестантов, которая и так уже находится в несравненно лучших условиях, чем остальные заключенные.

Вечно голодные, избиваемые и убиваемые, раздетые, босые, вгоняемые в могилу непосильным трудом, болезнями и голодом "контрреволюционеры" — 90 процентов заключенных на Соловках и в других тюрьмах — всем миром брошены на произвол судьбы.

Да будет услышан мой слабый голос людьми, не потерявшими совести и чувства жалости к страдающим братьям, да сплотятся они для помощи гибнущим на Соловках представителям многострадальной русской интеллигенции, среди которой есть немало стариков, инвалидов, женщин и детей!

Соловецкие чекисты никогда не вмешивались во внутреннюю жизнь "политических и партийных". В их среду никогда не вселялись шпионы ГПУ — так называемые стукачи и сексоты. Охрана Савватиевского скита всегда ограничивалась внешним патрулями.

Сам "начуслон" Ногтев в последнее время не рисковал навещать Савватиевский скит. Сознавая свое привилегированное положение, бывшие социалисты каждый раз встречали его громкими криками:

— Вон, пошел вон! Зверь, палач!

Все сношения с внешним миром "политические и партийные" вели обычно через Эйхманса, всегда внимательно выслушивавшего их просьбы и требования.

В Савватиевском скиту с самого начала была устроена довольно большая библиотека, которая — с разрешения соловецкой администрации — получала русские и иностранные журналы, газеты, книги. В скиту существовал даже своего рода университет с регулярными занятиями и штатом преподавателей из среды его обитателей. Пользовавшиеся большой популярностью среди "политических и партийных" старосты скита Богданов (видный социал-демократ, весной 1925 года уехавший из Соловков), Самохвалов (член центрального комитета партии социалистов-революционеров), эсер Крюков, меньшевик Мамулов, анархисты Школьников и Чарин часто читали лекции по общественным, научным и политическим вопросам.

Читателю предоставляется судить, что сделал бы Ногтев с "каэрами", если бы последним вздумалось проповедовать в лагере свои идеи!

К услугам "политических и партийных" всегда были свои доктора, им разрешалось выписывать из центра лекарства и инструменты. В Савватиевском скиту довольно часто заключались между его обитателями браки, строго запрещенные в остальном лагере. Бывшие социалисты имели право жить на Соловках с женами и детьми.

Им разрешалось писать и получать неограниченное число писем, посылки на их имя никогда не задерживались. У "политических и партийных" никогда не отбирали денег и вещей, в том числе и кожаных, на которые в лагере почему-то устраиваются целые облавы. Скиты, ими занятые, снабжаются в достаточном количестве дровами и керосином для освещения.

Справедливость требует сказать, что, добиваясь своего исключительного положения на Соловках, "политические и партийные" отстаивали свои требования с решительностью, доходившей до самопожертвования.

Так, когда зимой 1923 года группа бывших социалистов каталась на лыжах и коньках близ Савватиевского скита и пела антисоветские песни, которые не умолкли, несмотря на категорический приказ стражи, — взвод чекистов открыл по группе стрельбу. Было убито восемь человек, в том числе три женщины.

Некоторое время спустя за упорное отстаивание своих прав снова было расстреляно несколько человек "политических и партийных" и в том числе опять женщины (кажется, члены социал-революционной партии Котовская и Бауэр, как мне рассказывали в лагере).

Преклоняясь и перед этими невинными жертвами чекистского произвола, я все же не могу не сказать, что они — капля в море в сравнении с тысячами расстрелянных, задушенных и уморенных голодом "контрреволюционеров". О случаях единичных расстрелов "политических и партийных" все же доходят слухи за границу через тот же Красный Крест. Тысячи же могил других соловецких мучеников остаются никому неизвестными.

Привилегированное положение "политических и партийных" послужило поводом к тому, что многие вновь прибывающие на Соловки партии заключенных добиваются признания и за ними принадлежности к "политическим и партийным", хотя бы они к социализму не имели никакого отношения.

С начала 1924 года ГПУ принялось энергично "разгружать" ВУЗы (высшие учебные заведения) от "некоммунистического элемента". Вычищенные студенты, попадая на Соловки, стали требовать расселения по скитам, освобождения от работ и улучшенного питания, назвав себя "политическими и партийными".

В результате долгих споров, голодовок и двух случаев самоубийств студентов часть из них послали в Савватиевский скит, часть отправили обратно в центральную Россию для размещения по тюрьмам. Между прочим, одна из таких категорий студентов из Московского университета по дороге в Соловки неоднократно вступала в бой с железнодорожными отрядами ГПУ (так называемая ОТЧК), громила вокзалы, разбивала свои арестантские вагоны, требуя своего освобождения.

Постепенное улучшение положения "политических и партийных" должно было завершиться увозом этой группы заключенных с Соловецких островов, о чем продолжительное время, как мне хорошо известно, хлопотал и Политический Красный Крест, и заграничные социалистические организации. Хлопоты эти, поддержанные некоторыми видными коммунистами (называли, между прочим, Троцкого и Красина), в конце концов увенчались успехом.

В конце июля 1925 года по лагерю разнеслась весть о том, что "политических и партийных" куда-то увозят. Никто не знал — куда. Помню, многие были убеждены, что часть из них на материке расстреляют.

Накануне в Соловки прибыла из Москвы особая комиссия в составе коменданта центрального ГПУ Дукиса, следователя того же ГПУ Андреевой, представителей прокурора верховного суда Смирнова, помощника прокурора по делам ГПУ небезызвестного Катаньяна и ряда чинов из числа высшего военного начальства. Комиссию сопровождал специальный отряд войск ЧОНа (частей особого назначения).

Хотя увоз "политических и партийных" ГПУ хотело, по-видимому, обставить тайной, лагерь скоро узнал, что "соловецкую аристократию" везут на вольное поселение и в тюрьмы Усть-Сысольска, Нарыма, Перми и Иркутска, откуда легче выйти на свободу и где "политические и партийные" будут пользоваться рядом новых привилегий: свидания с родными, выход в город на прогулку и т.п.

С раннего утра потянулись к пристани мимо здания Управления северными лагерями особого назначения длинные вереницы людей с вещами в руках. Конные отряды Соловецкого полка во главе с самим Петровым отгоняли в сторону всех попадавшихся по дороге "каэров" и уголовных. "Политические и партийные" шли к пристани попарно, их окружали патрули команды надзора и роты чекистов с комендантом Соловков Ауке впереди.

До вечера пристань была усыпана людьми, ожидавшими из Кеми пароход ("Глеб Бокий"). Сперва была отправлена савватиевская группа (2-ое отделение концлагеря), затем и муксульмская (3-ье отделение). В Кеми "политических и партийных" ожидал специальный состав арестантских вагонов, который и увез их в ссылку и в тюрьмы.

Все соловецкие чекисты скрывают свое достаточно темное прошлое. Но по примеру тех, прошлая жизнь коих стала известной заключенным, можно безошибочно утверждать, что почти вся соловецкая администрация укомплектована бывшими уголовными преступниками, по легкомыслию выпущенными из тюрем наряду с политическими весной 1917 года.

Установив этот факт, не трудно понять, почему положение заключенной на соловках "шпаны" несравненно легче положения "контрреволюционеров". Общность происхождения, воспитания, многолетнее пребывание в тюрьмах и на каторге постепенно сближают две группы соловецких уголовных: стоящую у власти и прибывающую в

Соловки в качестве заключенных.

Не трудно понять и то, что "шпана" не только ничего не имеет против насилий над "контрреволюционерами" со стороны администрации, но и поддерживает мероприятия этой последней в данном направлении. В особенности бросается это обстоятельство в глаза в крупнейшем отделении Соловков — концентрационном лагере на Поповом острове (близ города Кемь). Описанию Кемского лагеря посвящена следующая глава.

Я уже говорил о тех условиях быта, режима, работ, питания и прочего, в которых вынуждены жить "контрреволюционеры". За что же попала в соловецкую каторгу эта многотысячная толпа, воистину не знающая делений на национальности, религию, пол и возраст?

Мне приходилось одно время близко знакомиться с делами соловецких "контрреволюционеров", в перерывах между лесорубками и штрафными изоляторами. Первое, на что обращает внимание всякий соприкасающийся с соловецкой канцелярией, это резкое несоответствие между "преступлением" того или иного заключенного и карой за него.

"Главный руководитель контрреволюционного заговора".

Или:

"Уличен в многолетнем шпионаже в пользу иностранной буржуазии".

По кодексу наказаний ГПУ за такие преступления полагается в первом случае расстрел, во втором — расстрел или 10 лет концлагеря. Между тем "преступники" приговариваются к 2-3 годам Соловков.

Чем же вызвана такая "гуманность"? Ответ на этот вопрос может быть только один: не хватает материала для полного обвинения и наказания в полной мере.

Лица, которым предъявлены такие громкие обвинения, никогда и близко не стояли к "организации контрреволюционного заговора" или к "шпионажу в пользу иностранной буржуазии". Но их по каким-либо причинам надо бросить в тюрьму. И ГПУ предъявляет им соответствующие статьи уголовного кодекса (в данном примере 64 и 66), не имея на то никаких оснований.

Применение такого "упрощенного" судопроизводства не отрицает и само ГПУ. Когда в 1924 году в Соловки прибыл начальник юридического отдела ГПУ Фельдман и один из заключенных заявил ему жалобу по поводу того, что он попал в Соловки по 66 статье (шпионаж), не будучи никогда шпионом, Фельдман ответил в присутствии всего лагеря:

— Вы недовольны статьей? Мы можем применить к вам другую статью. Понятно, у вас шпионажа не было. Но не все ли вам равно? Вас надо было изолировать. А по какой статье — это безразлично...

Фактическое наличие преступления и юридическая обоснованность приговора считаются на Соловках просто буржуазными предрассудками. Это хорошо известно всем и в самом лагере, и во всей России. Недаром так распространена поговорка:

— Был бы контрреволюционер, а статья найдется.

Навстречу произвольному толкованию любой статьи уголовного кодекса, вынесению любого приговора идет и самый устав о Соловках. Первый параграф этого выработанного ГПУ и утвержденного ВЦИКом "Секретного положения о Соловецких лагерях особого назначения" гласит буквально следующее:

"Соловецкие лагеря организованы для особо вредных государственных преступников, а также лиц, когда либо могущих быть государственными преступниками".

Таким образом, каждому чекисту предоставляется право в душе любого советского гражаданина прочесть тайное желание быть в будущем государственным преступником и на основании этого "неоспоримого доказательства" послать его в Соловки. Дальше идти некуда.

Присылкой на Соловки "контрреволюционеров" раньше заведовал особый отдел высылок при Чрезвычайной комиссии по борьбе с контрреволюцией, саботажем, спекуляцией и преступлением по должности (ЧК). Когда последняя была переименована в ГПУ, отдел высылок заменила комиссия по административным высылкам при ГПУ (существовали, кроме того, такие же комиссии при ВЦИКе и комиссариате внутренних дел). Недавно произошло новое переименование: комиссия по административным ссылкам стала называться "особым совещанием при ГПУ".

Характер деятельности этих учреждений, конечно, все время оставался одним и тем же: "изолированием" так называемого "опасного элемента", без каких бы то ни было намеков на суд и законность. Даже приговоры и постановления о высылке на Соловки и теперь подписываются все теми же старыми знакомцами, гордостью ГПУ: обычно Езерской, реже Ягодой, Уншлихтом, Менжинским.

Дабы читатель мог судить, за какие преступления "контрреволюционеры" гибнут на Соловках, привожу ряд лично мне хорошо известных фактических примеров.

К одной жившей в Петербурге даме явился неизвестный ей человек от ее родных, живших за границей, с предложением перейти нелегально границу. Дама ответила, что она во избежание могущих быть неприятностей не хочет без законного разрешения советских властей уезжать из России. Получив от своей семьи письмо с той же просьбой прибыть за границу, дама снова ответила отказом по той же причине. Когда же она была арестована ГПУ (в своей петербургской квартире), ей было предъявлено обвинение в "желании перейти нелегально границу", за что она и попала в Соловки на 5 лет.

В Москве пользовался заслуженной известностью инженер Курчинский, очень талантливый человек, автор многих изобретений. В последние годы он усиленно работал над новой конструкцией аэросаней. Когда первая модель аэросаней была готова, Курчинский в присутствии высших представителей советской власти и приглашенного последними дипломатического корпуса демонстрировал свои сани. Опыт дал блистательные результаты.

Через некоторое время он снова демонстрировал перед советским правительством и иностранцами свои аэросани нового типа. На этот раз опыт не удался, аэросани измененной конструкции не оправдали надежд, возложенных на них инженером. Результатом этого было то, что может случиться только в советском бедламе: за конфуз перед иностранцами ГПУ обвинило Курчинского в "злостном срыве творческой работы СССР" и прислало его на Соловки на 10 лет. Несчастный изобретатель до сих пор сидит в лагере.

Если в приговорах, вынесенных соловецким заключенным, встречаются "политические мотивы", как, например, "женат на княгине", "во время империалистической войны агитировал за покупку билетов военного займа", "собирал подписи для адреса Николаю Кровавому", то попадаются в них и указания на "преступления" торгово-промышленные. Так, в ряде дел я видел такое "мотивированное" обвинение:

"Торговец, фабрикант".

Таким образом, советское правительство, изыскивая новые доходы для коммунистической пропаганды, с одной стороны, якобы приветствует развитие частной торговли, а с другой стороны, считает советских купцов и фабрикантов классом, как нельзя более подходящим для заселения Соловков.

Весной 1925 года в Петербурге возникло громкое дело бывших воспитанников Александровского лицея, некогда привилегированного учебного заведения, давшего стране ряд блестящих представителей науки, искусства и литературы. Незадолго до того ГПУ было осведомлено о существовании в красной армии обширного антисоветского заговора. Несмотря на тщательные поиски, раскрыть заговор не удалось (пострадал лишь командующий петербургским военным округом Гитис, смещенный со своего поста).

Предупреждая возможное со стороны центрального ГПУ неудовольствие, петербургское госполитуправление создало "дело лицеистов" в доказательство того, что петербургские чекисты недаром получают деньги. Лицеистам было предъявлено явно дутое обвинение в "сношениях с белогвардейской эмиграцией" и служении панихид по императору Николаю II. Необходимо подчеркнуть, что Общество бывших лицеистов существовало в Петербурге вполне легально как преследующее исключительно цели материальной поддержки своих членов; устав общества был утвержден советской властью.

По делу лицеистов 54 человека было расстреляно, около 50 отправлено на Соловки сроком от 2 до 10 лет, в их числе братья Шильдер (сыновья директора лицея, известного историка Шильдера), Голицын, Михневич, Остен-Сакен, Арнольди и другие. Всех их я видел в лагере.

Что из себя представляло дело лицеистов, видно из следующего. В числе других на Соловки прибыл бывший лицеист Дягтирев, сын небызызвестного музыканта, осужденный на 10 лет. По специальности он агроном. До революции Дягтирев долго жил в Америке, затем прибыл в советскую Россию и, сняв под Петербургом участок земли, пытался развести огороды в большом масштабе.

Дело не клеилось из-за того же самодурства советских властей, которое глушит всякое живое дело. Дягтирев решил уехать обратно в Америку и запросил своего друга, сколько стоит билет на пароход до города Вера-Круц, в котором жил его друг, причем город для краткости был обозначен лишь двумя буквами — ВК.

Это было в момент возникновения процесса лицеистов. Письмо Дягтирева как-то попало вместо Америки в ГПУ. И вот на допросе арестованного Дягтирева следователь заявил ему, что Дягтирев "несомненно, хотел бежать за границу к белогвардейцам, а буквы ВК означают "великий князь".

Этот трагический фарс закончился ссылкой Дягтирева в Соловки только на 10 лет. Говорю "только", ибо сам агроном ожидал, судя по царившему на процессе лицеистов настроению, что его расстреляют за Вера-Круц, показавшиейся чекистам "великим князем".

Во всем мире ответственность за те или иные поступки несет тот, кто эти поступки совершал. Для Соловков это тоже "буржуазный предрассудок". В лагере общее внимание обращает на себя графиня Фредерикс, глубокая уже старуха. За что же она попала в соловецкую каторгу? Единственно справедливым и отвечающим действительности "обвинением" является следующее место в ее деле:

"Родная сестра кровожадного бюрократа графа Фредерикса, бывшего министра двора Николая II".

Но помимо самого факта преследования сестры за прошлое брата, характерно и знаменательно то, что самого "кровожадного бюрократа" (кстати, крайне мягкого человека, никогда не имевшего какого бы то ни было отношения к царской политике) ГПУ оставило спокойно умирать в его квартире.

В Соловках можно встретить целый ряд отцов, матерей, жен, дочерей и сестер, попавших в концлагерь за деяния своих сыновей, мужей и братьев. В среде этих совершенно невинных людей большая часть — так называемые "заложники", жизнь которых ГПУ берет в обеспечение лояльного отношения к советской власти их родственников.

Особенно часты случаи ссылки на Соловки по 66 статье (шпионаж). Сюда часто относятся лица, верой и правдой служившие делу укрепления советской армии и флота и брошенные в тюрьму только потому, что их подчиненным-коммунистам хотелось выслужиться перед ГПУ или самим занять их посты. По такой причине попал в лагерь, например, бывший командир советского дредноута "Марат" Вонлярлярский (на 3 года), советский военный специалист, бывший генерал генерального штаба Якимович и другие.

Все когда-либо служившие в белых армиях или имевшие к ним какое-либо отношение немедленно посылаются на Соловки. Подлая ложь об "амнистии" имеет силу лишь до того момента, когда тот или иной "амнистированный" переступил порог ГПУ.

На основании многочисленных примеров я утверждаю, что каждый возвращающийся в Россию эмигрант, каждый обнаруженный в самой России "белогвардеец", хотя бы они вполне подходили под амнистию, непременно получат такую статью:

"Бандитизм, массовый расстрел коммунистов и растрата народного достояния".

Это стереотипное обвинение предъявляется иногда даже лицам, которые только жили в той местности, которая была когда-либо занята белыми армиями. Оно предъявляется всем "возвращенцам", всем русским, бегущим на родину из иностранных легионов (в сентябре 1925 года таких "амнистированных" на Соловки прибыло сразу около 100 человек), всем бывшим военным, почему-либо кажущимся подозрительными для ГПУ, от рядового солдата до генерала (например, в Соловках много лет сидел бывший начальник канцелярии при походном донском атамане Смагин; в 1925 году его увезли в ссылку в Усть-Сысольск).

В "бандитизме, массовом расстреле коммунистов и растрате народного достояния" обвинили, между прочим, и меня. Опровергать это вздорное обвинение — значит придавать вес чекистской выдумке. Скажу только, что единственное мое "контрреволюционное деяние", считающееся в советской России большим преступлением, — сокрытие своего офицерского звания — мне даже не было поставлено в вину. Лишнее доказательство того, что действительная вина советского подсудимого (если она вообще имеется), в красных судах совершенно не принимается в расчет, раз есть статья, по которой тому или иному прокурору или следователю из ГПУ угодно вас послать на смерть или на каторгу.

Являясь по существу всегда высосанным из чекистского пальца, обвинение в бандитизме, массовом расстреле коммунистов и растрате народного достояния применяется так часто по той простой причине, что осужденные за это "преступление" по особому декрету немедленно передаются из ведения наркомюста (народного комиссара юстиции) в ведение ГПУ и никаким амнистиям не подлежат.

В Соловецком лагере вы можете найти представителей любой национальности, любой религии, любой профессии. Русские и граждане всех государств мира, православные, протестанты, лютеране, католики и евреи, офицеры, чиновники, рабочие, студенты, крестьяне, учителя, доктора, писатели, артисты, художники, адвокаты, торговцы, портные — все это опытной рукой смешано в пеструю массу так называемых "контрреволюционеров".

В этом море "каэров" особенным трагизмом своего положения выделяется очень многочисленное на Соловках заключенное православное духовенство.

Преследованием религии и русского духовенства руководил особый церковный отдел ГПУ и его председатель Тучков. Пользуясь методами, общими для всего ГПУ, Тучков кстати и некстати применяет ко всем арестованным епископам, священникам и верующим общую для всех 72 статью уголовного кодекса:

"Несоблюдение декретов об отделении церкви от государства".

Казалось бы, статья эта имеет определенный, узкий смысл, точно характеризующий преступление — несоблюдение декретов. Однако предъявляется она лицам, совершенно не противодействовавшим декретам об отделении церкви от советского государства. Под 72 статью ГПУ подводит, что ему угодно.

В делах находящихся на Соловках духовных лиц, присланных в лагерь по 72 статье, я видел такие обвинения:

"Противодействие изъятию церковных ценностей",

"Монархическая пропаганда",

"Церковная контрреволюция",

"Воспитание детей в религиозном духе",

"Натравливание одной части верующих на другую" и многое другое.

Что понимается под вышеуказанными "преступлениями", видно из таких фактов.

Когда был издан декрет о реквизиции церковных ценностей "на нужды голодающих Поволжья" (в действительности церковное золото и драгоценные камни в огромном количестве оказались в карманах коммунистов), последовало разъяснение, что церковные предметы, необходимые для совершения богослужения — св. чаша, Евангелие и т.д. — не могут быть реквизированы. Епископ одной из южных епархий, основываясь на точном смысле этого разъяснения, отказался выдать нужные для богослужения вещи. Он попал в Соловки на 5 лет.

Священник К. на основании декрета совнаркома о том, что обучение детей Закону Божьему разрешается лишь в частном доме и группе детей не больше трех человек, преподавал Закон Божий в своей квартире собственным детям. Его послали в Соловки на 3 года.

Целый ряд епископов, священников, монахов и прихожан попали в Соловки за защиту чистого православия от погрома его так называемыми "живой", "обновленческой" и прочими "церквами" (их обвинили в "натравливании одной части верующих на другую"). Как известно, вся "живая церковь" — произведение "церковного отдела" ГПУ и субсидируется председателем его Тучковым во имя разложения православия.

Непередаваемый гнет, насилия и издевательства соловецкой администрации с особенной яростью обрушиваются именно на головы заключенного духовенства. Все наиболее трудные работы приходится выполнять священникам и епископам. С поразительным смирением, покорностью и выносливостью духовенство рубит лес, прокладывает дороги, чистит уборные, высушивает болота, разрабатывает торф.

Каждым словом, каждым жестом любой соловецкий чекист старается задеть, оскорбить заключенных священников. В их присутствии администрация бранится с особым кощунством. Их пайки обкрадываются со всех сторон. В их среду администрация стремится втесать побольше стукачей.

Чинятся всевозможные препятствия к получению духовенством из дому посылок и денег. Какие бы то ни было богослужения, конечно, совершенно исключаются. За желание перекреститься на работе чины команды надзора бьют по рукам плетью.

В Соловках в настоящее время свыше 400 человек представителей православного духовенства. С каждой новой партией прибывают новые священники, епископы и миряне, осужденные по той же 72 статье, толкуемой столь произвольно.

Из среды заключенного на Соловках духовенства выделяется управляющий московской епископией Илларион (Троицкий), близкий друг и сподвижник покойного Патриарха московского и всея Руси Тихона, сведенного в преждевременную могилу большевистскими преследованиями. Архиепископ Илларион особенно прославился своей бесстрашной борьбой с "живой церковью".

Около пяти лет тому назад этот стойкий ревнитель православия был послан московским ГПУ в холмогорский концентрационный лагерь, в котором пробыл два с половиной года в кошмарных условиях. Больной старик, он вынужден был половину своего пути пройти пешком по этапу, в глубоком снегу, в легкой одежде и рваных сапогах.

Отсидев свой срок в Холмогорах, архиепископ Илларион вернулся в Москву и с новым рвением поднял стяг борьбы за гонимое властью православие. Против него начались новые интриги со стороны "живоцерковников" и купившего их ГПУ. Архиепископ, таланталивый оратор, присутствовал на всех религиозных диспутах, защищая церковь.

После одного из таких диспутов, на котором Илларион выступил против Луначарского и до такой степени разбил все его доводы, что аудитория освистала наркоmпроса, архиепископа снова арестовали и послали в Соловки (на 5 лет) за "церковную контрреволюцию".

Некоторое время он пробыл в концлагере на Поповом острове, а летом 1925 года его перевезли в Кремль. В монастыре Илларион попал в руки к начальнику первого отделения концлагеря чекисту Баринову, который в сентябре 1925 г. отправил архиепископа в штрафной изолятор. В нем Илларион находится и поныне, ежедневно ожидая смерти.

Осенью 1924 года в Соловки ГПУ прислало епископа петербургского Масуила. В должности управляющего петроградской епископией он заменил известного митрополита Вениамина, зверски расстрелянного большевиками в августе 1922 года. Епископ Масуил (в мире Лемешевский) протестовал против открытой продажи чекистами на петербургских рынках ценностей, изъятых из храмов якобы для помощи голодающим Поволжья, за что и был арестован "голодающим" ГПУ.

Трагическая участь постигла епископа тамбовского Петра. В конце прошлого года (в ноябре) епископ скончался в штрафном изоляторе на Секирке. Есть очень много данных считать правдой слухи о том, что его задушили чекисты.

По той же 72 статье присланы и преданы тем же соловецким пыткам викарий саратовский Петр (в мире Соколов), епископ калининский Серафим, настоятель Казанского монастыря Питирим (Крылов) со всей братией и другое черное и белое духовенство, монахи и миряне.

В момент наиболее напряженной борьбы ГПУ с покойным патриархом Тихоном мы были готовы увидеть в лагере и этого святителя земли русской. Только загадочная смерть его (в России многие уверены, что патриарх был отравлен) избавила его от соловецкой каторги. Теперь со дня на день можно ожидать высылки на Соловки заместителя почившего патриарха митрополита Петра Крутицкого.

Среди заключенного на Соловках православного духовенства попадаются и священнослужители иных христианских церквей — ксендзы, пасторы. Общее внимание на себя обращает очень редкая в советских тюрьмах фигура — живоцерковный епископ. Бывший столичный священник, он продал советской власти свою церковь и своего Бога и был негласным агентом московского ГПУ. Однако очень скоро грязь и продажность так называемой "живой" церкви возмутили этого ренегата. Он отрекся от советской церкви, покаялся в своем отступничестве перед верующими, чистосердечно вскрыв тесную связь между "живой" церковью и ГПУ. За "разглашение тайн госполитуправления" он и попал в Соловки.

В лагере этот епископ бойкотируется всеми без исключения заключенными. Его в лицо называют иудой. Чекисты же то и дело с бранью и издевательствами просят у него "благословения".

Один из главных столпов красного террора, знаменитый палач Лацис, председатель сперва киевской, потом московской ЧК, еще в 1918 году писал в специальном чекистском журнале "Красный террор":

"Не ищите в деле обвиняемого улик о том, восстал ли он против советов оружием или словом. Первым долгом вы должны его спросить, к какому классу он принадлежит, какого он происхождения, каково его образование и какова его профессия. Эти вопросы должны решить судьбу обвиняемого".

Принимая во внимание столь неожиданные принципы советского суда, надо ли удивляться тому, что гибнущие на Соловках профессора (например, чех Неманиц) присланы на каторгу за... шпионаж, купцы (семья Левит, Николаев, Геннисон и многие другие) за... "вооруженный бандитизм", крестьяне (Булгаков, Геништа, Шигаев и т.д.) за... "связь с иностранной буржуазией", бывшие гвардейские офицеры (братья Жерве, Чайковский и другие) за... "экономический шпионаж" и так далее в том же духе.

Раз "первым долгом вы должны его спросить, к какому классу принадлежит обвиняемый и каково его образование", то не все ли равно, по какой статье, по какому обвинению человек должен быть убит или брошен в вечную каторгу?

Ближайший помощник того же Лациса чекист Угаров, теперь видный деятель центрального ГПУ, заявил как-то в публичной речи:

— У нас, большевиков, такой принцип: если человек не годен к работе — расстрелять. Это не богадельня.

И этот людоедский принцип широко применяется в СССР. Я знал в Соловках одного дряхлого старика, некогда служившего на царскосельской железной дороге. Рассматривая его дело, прокурор петербургского ГПУ требовал его расстрела на том основании, что "эта старая развалина только даром ест советский хлеб".

Исключительным шедевром можно считать и то "преступление", за которое в лагерь попал некий Витте. Он дальний родственник давно уже мертвого С.Ю.Витте, бывшего премьер-министра и министра финансов довоенной России, творца Портсмутского мира с Японией и русских займов за границей. Находящийся в Соловках Витте никакого преступления не совершал, даже в советском толковании. Его прислали в лагерь (на 3 года) только за "белогвардейскую фамилию".

С другой стороны, я знал человека, которого арестовали в поезде между Петербургом и Москвой за... "подозрительную физиономию" и на основании этого "преступления" продержали несколько месяцев в петроградском ГПУ (Гороховая, 2).

Я уже говорил раньше об исключительно тяжелом положении женщин на Соловках. Чекисты то и дело врываются ночью в женский корпус и творят там неслыханные насилия. Заведующий женским штрафным изолятором Гусин, чекист из Крыма, глумлениями над женщинами, женами, матерями, невестами и сестрами заключенных доводил их до сумасшествия и самоубийства.

Подавляющее число заключенных на Соловках женщин — заложницы за своих родственников мужчин. Бросается в глаза обилие сельских учительниц. Дело в том, что каждая учительница считается в советской деревне, с одной стороны, любовницей любого приезжающего в село коммунистического чиновника, с другой стороны — пешкой в руках сельских комсомолов — союзов коммунистической молодежи. Коммунисты насилуют учительниц, комсомолы заставляют их участвовать в антирелигиозных спектаклях и диких оргиях. Противодействие такому преступлению и наглому использованию единственной культурной силы в деревне и влечет за собой тюрьму и ссылку.

Щадя исстрадавшуюся душу соловецкой женщины-заключенной, я не хочу называть имена. Но в памяти у меня сотни фактических случаев беспримерного попрания женской чести и стыдливости.

Значительную часть лагерных "контрреволюционеров" составляют иностранцы. В отношении условий жизни, питания, работ и прочего их положение ничем не отличается от положения русских "каэров". Те же рабочие роты, та же гнилая треска, тот же торф и лесорубки, та же Секирка.

Иностранная колония на Соловках весьма значительна. Я затрудняюсь назвать хотя бы приблизительную цифру. Да это и не так важно. Гораздо важнее вопрос о том, за что попадают иностранцы на Соловки.

Ниже я даю ряд ответов на этот вопрос, ограничиваясь сухим изложением фактов. Выводы из них пусть сделает сам читатель.

В Соловецком лагере наряду с другими иностранцами в настоящее время находятся:

Немец Гнерих, германский подданный. Он капитан коммерческого флота. Прибыл несколько лет тому назад в советскую Россию как представитель крупной торговой фирмы. Через короткое время был арестован по обвинению в "контрреволюции" и без суда, несмотря на его протест, отправлен на Соловки.

Латыш генерал фон дер Лауниц. Попал в лагерь за

"баронскую идеологию и военный шпионаж" (статья 66).

Австриец Бенедикт из Вены, чехословацкий подданный. Бенедикт — известная личность в промышленных кругах Европы, имел мировое дело по выработке колбас. В начале 1924 года Бенедикт, получив советскую визу и имея рекомендацию венского советского представителя, прибыл в Россию, где на собственные средства, тоже с разрешения советских властей, купил пароход и погрузил на него товар большой стоимости. В Новороссийске местное ГПУ наложило на пароход арест, а самого Бенедикта посадило в тюрьму. Центральная власть распорядилась немедленно освободить купца и снять арест с его товаров; однако местные власти отказались исполнить это приказание. После продолжительной переписки между различными инстанциями ГПУ Бенедикта отправило в Москву, затем в Сибирь (в Ново-Николаевскую тюрьму), затем в Соловки (на 3 года).

Бенедикт — старик (свыше 60 лет), глухой. У него сразу же реквизировали все вещи и деньги. Новороссийское ГПУ выдало ему клочок бумаги, на котором значится, что "у гражданина Бенедикта отобраны такие-то №№ иностранных кредитных билетов". Какая валюта реквизирована — ГПУ предусмотрительно не указало, дабы и в будущем не возвращать ее владельцу.

Эстонцы Мотисен и Андерсон. Приехали из Ревеля на Всероссийскую выставку (1923 г.), вместо чего очутились на Соловках за "экономический шпионаж".

Швед Штренберг, финляндский подданный. Приехал из Гельсингфорса, получив представительство заграничной торговой фирмы. Был любезно встречен петербургским и московским отделами наркомвнешторга (народного комиссариата внешней торговли), получил лестную рекомендацию к народному комиссару иностранных дел. В Москве благодаря жилищному кризису долго не мог найти себе квартиры и решил в конце концов обратиться за содействием в наркоминдел. В дело вмешалось ГПУ, заявившее: "Комнату мы вам дадим. Только в ГПУ".

Я видел этого несчастного торговца в одной из московских тюрем (в Бутырке). Он периодически объявлял голодовку, но без всякого успеха.

Индусы Курез-Шах и Кабир-Шах. Оба за тот же "военный шпионаж". Первый из них ни слова не говорит по-русски. Как он мог быть в России шпионом — секрет ГПУ. Характерно, что Курез-Шах, желая хоть немного облегчить свое положение, записался в существующий на Соловках "марксистский кружок" (при культпросвете) и слушает коммунистические лекции, ничего в них не понимая. Второй — Кабир-Шах — очень хороший чертежник и тоже, конечно, никогда шпионом не был.

Эстонец Веригор. Одно время он был областным агрономом советской Киргизской республики. Устроив в этой местности ряд культурных хозяйств, Веригор задумал открыть кооператив по продаже в Киргизии сельскохозяйственных орудий. Собрав для этой цели деньги, агроном поехал в Москву закупать машины. Насколько центральное правительство одобрительно относилось к его задаче, видно из того, что на время пребывания Веригора в Москве ему была предоставлено комната в самом наркомземе (народном комиссариате земледелия), на Пречистенском бульваре.

Увы, и он не избег общей участи. Агронома неожиданно арестовали, отобрали у него все деньги и выслали на Соловки за "шпионаж" (на 3 года).

Немец Кох, германский подданный, коммерсант из Гамбурга. Почему он приехал в Россию, как попал на Соловки — я не знаю. Знаю лишь то, что и ему была предъявлена все та же 66 статья (шпионаж).

Мексиканский консул в Египте граф Виоляр с женой. Граф совершенно не знает русского языка, в Россию попал совершенно случайно. Это, однако, не помешало обвинить его в "организации контрреволюционного заговора и военном шпионаже" и прислать в лагерь на 5 лет.

Граф — фигура достаточно на Соловках колоритная. На нем стоит остановиться подробнее.

Генеральный консул Мексики в Египте женат на русской грузинской княжне Караловой. Родственники госпожи Виоляр все время оставались на Кавказе. Года два тому назад консул с женой с особого разрешения непосредственно из Москвы приехали из Каира в Тифлис к родителям графини.

Результатом этой поездки было то, что консул с супругой, несмотря на дипломатические паспорта, несмотря на горячие протесты и жалобы мексиканскому правительству (как потом выяснилось, все телеграммы Виоляра в Америку уничтожались), был арестован тифлисским ГПУ и препровожден по этапу в Соловки.

В лагере граф занимает несколько привилегированное положение. Он не принимает участия в общественных принудительных работах, хотя живет тоже в рабочей роте. Графиня от работ, однако, не освобождена: она работает в прачечной — моет белье администрации и соловецкого полка.

Льготы, которыми пользуется мексиканский консул, объясняются двумя причинами: во-первых, ему из Америки присылают деньги, а за них можно в лагере купить все и всех, а во-вторых, его судьбой как будто интересуются в комиссариате иностранных дел.

Так, сравнительно часто граф получает письма от Чичерина и Литвинова в ответ на его жалобы и требования дать ему возможность уехать в Египет или в Мексику.

Графу разрешается видеть свою жену раз в неделю — полчаса. Любопытно наблюдать, какие уловки применяет мексиканский дипломат для того, чтобы лишний раз увидеть свою ставшую прачкой жену. Каждое утро, когда заключенные идут на работу, и каждый вечер, когда лагерь возвращается с работы, граф прячется близ женского корпуса, издали приветствуя графиню.

Как я уже говорил, в культпросвете устраиваются иногда платные спектакли. И вот консул каждый раз покупает два очень дорогих билета во втором ряду, посылая один билет жене, дабы несколько часов просидеть с ней рядом.

Что говорится на сцене — граф абсолютно не понимает ни слова, да это для него и не важно. Иногда один и тот же спектакль повторяется несколько раз, и каждый раз Виоляр покупает свои два билета!

Немец Вейнгарт, германский подданный, из Берлина. Вейнгарт, по профессии фельдшер, был арестован на Кавказе, куда ездил по делам, и привезен в Москву. Человек очень настойчивый, он добился того, что предъявленное ему кавказскими чекистами обвинение в "шпионаже" было снято и центр его оправдал. Выяснилось, что арест был произведен по недоразумению.

Однако пребывание столь "подозрительного" лица в СССР было признано нежелательным. ГПУ положило в деле фельдшера резолюцию:

"Выслать на родину через Польшу".

Принимая во внимание обостренные отношения между Германией и Польшей, опасаясь нового, теперь уже польского, ареста, Вейнгарт просил отправить его другим путем. В этом ему отказали.

Чекистский патруль привез фельдшера к самой русско-польской границе. Здесь произошел такой диалог между начальником патруля и немцем:

— Вот граница. Идите.

— Куда же я пойду без документов? — взмолился фельдшер.

— А зачем вам документы?

— Как же, у меня в ГПУ отобрали все бумаги. Даже удостоверения личности нет. Меня сейчас же арестуют в Польше.

— Это не наше дело. Идите, пока не пристрелили.

Вейнгарт перешел границу. В Польше его задержал польский патруль и посадил в тюрьму. Через некоторое время фельдшера по подозрению в советском шпионаже выслали в... Россию. Попав снова в ГПУ, Вейнгарт был обвинен в "шпионаже" в пользу Польши и отправлен на Соловки (3 года).

Такими трагическими анекдотами я мог бы заполнить

не одну страницу своих записок. Думаю, что и вышеприведенных фактов достаточно для представления себе общей картины советского "суда" и "справедливости".

Обобщая приговоры, вынесенные находящимся в Соловках иностранцам, можно сказать, что приговоры эти вызываются соображениями трех родов:

1) когда необходимо получить так называемый "обменный товар", то есть иностранных подданных для обмена их на задержанных в других государствах коммунистов;

2) в порядке красного террора по отношению к гражданам тех стран, в которых в данный момент преследуются коммунисты; и

3) для откровенного грабежа денег или имущества того или иного иностранца.

"Живой товар" для обмена набирается в Соловках преимущественно из граждан окружающих Россию стран. В особенности много поляков, эстонцев, финнов и прочих. Представители этих национальностей поставлены, может быть, в наихудшие условия. Они нетерпеливо ожидают своей "обменной" очереди.

Стоило только правительствам Болгарии, Эстонии, Польши, Финляндии, Венгрии, Турции и т.д. принять строгие меры против разрушительной работы коммунизма в своих странах — ГПУ сейчас же начало высылать на Соловки болгар, эстонцев, венгров, турок и т.д.

Отправка по грабительским мотивам практикуется также очень часто. Желая завладеть чужим имуществом или деньгами, ГПУ (в особенности этим отличается советская провинция) без лишних разговоров обвиняют того или иного богатого иностранца в "шпионаже" и бросают его в тюрьму, спрятав предварительно в свой карман его деньги.

Бывает и так, что тому или иному советскому учреждению не хочется платить по счетам и оно обращается за соответствующим содействием к ГПУ.

Так, я знаю одного эстонца, имевшего в Москве водопроводную мастерскую. Ему московский откомхоз (отдел коммунального хозяйства) поручил ремонтировать водопроводы и канализацию в Доме советов (бывшая гостиница "Астория"). Когда ремонт был произведен и надо было платить за него, откомхоз нашел блестящий способ расплаты: он обвинил эстонца в "представлении преувеличенных счетов, подрывающих благосостояние СССР", а ГПУ посадило его в тюрьму!

Есть в Москве учреждение, специально занимающееся поставкой на Соловки "нежелательных иностранцев". Это коминтерн, его иностранные отделения. Все иностранцы, заподозренные в "белогвардействе", трудами коминтерна попадают под наблюдение, а потом и в ведение ГПУ.

В особенности энергично действуют в этом направлении коммунистический представитель Японии Катаяма и Венгрии Бэла Кун. В России до сих пор очень много венгров — бывших военнопленных. И вот каждый венгр, желающий возвратиться на родину, то есть в "черносотенную Венгрию", считается "сторонником Хорти" и попадает в тюрьму. Почти ежемесячно в Москве инсценируются "покушения на Бэла Куна", после чего целые партии венгров едут на Соловки.

Иногда в лагерь попадают такие иностранцы, обвинение которых кажется полным абсурдом даже с советской точки зрения. Например, вряд ли сам Дзержинский может объяснить, за что в Соловках сидит Сейд-Али-Надир, хан афганский.

Хан весьма популярная личность в духовном и светском мире Афганистана; он, кажется, единственный в своей стране окончил университет (Оксфордский). Не поладив с афганским правительством, Сейд-Али решил искать приюта в России, вполне легально перейдя границу между Афганистаном и русскими азиатскими владениями. И советская власть, вместо того чтобы по своему обыкновению использовать хана для борьбы с соседями, отправила его в Соловки без какого бы то ни было обвинения (3 года).

Расстрелы по отношению к иностранцам практикуются в той же степени, как и по отношению к заключенным-русским, и тем же явочным порядком.

Переведенный из Архангельского лагеря в Соловецкий, Али-Шах, английский подданный, в 1923 году вместе с немцем Альпом и русским Бутурлиным, были обвинены в попытке бежать с Соловков. Альпа убили, Бутурлина расстреляли через год. Али-Шах не выходит из штафного изолятора.

Али-Шах этот известен в лагере еще и тем, что он отказался добровольно ехать на Соловки. Тогда чекисты его раздели донага (дело было зимой) и голым бросили в пароходный трюм.

Летом 1925 года был расстрелян за "вызывающее отношение к администрации" польский гражданин Напольский, студент-медик.

Тогда же расстреляли немца Грюнвальда, агронома.

Вне всякого сомнения, были и другие расстрелы иностранцев. Но если о том или ином иностранце становится известным в лагере, что он "освобожден", или "обменен", или "переведен в другой лагерь", кто может утверждать, что это лицо не расстреляно тайно?..

V

Близ Кемского побережья, изрытого холодными водами Белого моря, расположена группа островов, заселенных частично рыболовами — русскими и различными мелкими подразделениями северных племен. Наиболее крупным в этом архипелаге является Попов остров; к югу от него идет целый ряд мелких островов, в большинстве даже безымянных. На Поповом острове и расположен Кемский концентрационный лагерь, входящий в состав Соловков и подчиненный Управлению северными лагерями особого назначения, то есть тому же Ногтеву. Официально лагерь на Поповом острове называется

Кемским пересылочно-распределительным пунктом.

Уже одно название дает понять, какие функции возложены на кемское отделение Соловков. Оно распределяет присылаемых из тюрем России в Кемь заключенных по различным островам и скитам на работы. На Поповом острове, имеющем характер пересыльной тюрьмы, скопляются этапы заключенных, которые с открытием навигации следуют дальше на Соловки. Наконец, постоянно между Соловками и Кемью происходит обмен "контрреволюционеров" в зависимости от тех или иных работ крупного масштаба.

В 1922 году, направляясь в Соловки, я пробыл в Кемском лагере всего четыре дня. Присланный на работы из Кремля на Попов остров (в ноябре 1925 года), я провел на нем три недели вплоть до моего бегства.

Попов остров имеет форму буквы "С" с утолщением посередине и извилистыми углами, направленными на восток. Поверхность его равняется приблизительно 15 кв. верстам. Весь остров покрыт никогда не высыхающими болотами; берега его, как и на Соловках, также весьма изрыты и извилисты и напоминают финские или шведские шхеры.

Благодаря близости к материку климат здесь немного мягче, чем на Соловках, морозы не так суровы. Зато продолжительнее и гуще туманы, сильнее дает себя чувствовать сырость, периоды дождей продолжительнее. Общесоловецкий бич — комары — здесь доставляют столько мучений, что нередки случаи умопомешательства от не дающих покоя ни днем ни ночью насекомых.

Лагерь устроен близ южного берега. Составляющие его здания — деревянные бараки — выстроены частично старой русской властью, частично англичанами. Барак — тип сарая для продовольственных складов, скудно освещаемый днем небольшими оконцами, ночью тусклой лампой; печи — так называемые буржуйки — устроены уже в последнее время. Все бараки сооружены на болоте, а потому характерны своей затхлой, сырой атмосферой, на стенах и потолках — пятна сырости и плесени.

С южной стороны лагеря, в нескольких десятках шагов от берега, расположен большой, с многочисленными окнами и дверями барак. Это — караульное помещение, где живут красноармейцы, охраняющие лагерь. Из их числа ежедневно назначаются наряды часовых для постов вокруг лагеря (в особых будках вдоль проволочного заграждения) и внутри лагеря — у ворот, в комендатуре и прочем.

За караульным помещением — входные ворота, вырубленные в высоком деревянном заборе, увенчанном несколькими рядами колючей проволоки. Пройдя мимо караульного поста в ворота, вы видите перед собой длинный помост бревен, образующий собой нечто вроде торцовой мостовой. Такие бревенчатые дороги густой сетью покрывают весь остров с его бесконечными болотами и оврагами.

Дорога от входных ворот называется... "Невским проспектом"; она прорезывает концентрационный лагерь с юга на север. По обе стороны импровизированного "Невского проспекта" тянутся бараки, в большей части одинаковой величины. По правую сторону вы видите женский барак, барак с канцеляристами и чекистами, затем бараки с уголовными, по левую сторону — комендатуру, бараки с "каэрами" и "шпаной", помещение лагерного старосты и т.д.

Направо от "Невского проспекта" тянется ряд других, более узких деревянных помостов, ведущих к другим баракам с заключенными, к мастерским, складам, кухне, уборной и прочему.

Конечно, наскоро сколоченные, расположенные на недостаточной высоте бревенчатые помосты отнюдь не защищают идущих по ним от болот. В дождливое время, осенью и весной болота Попова острова выступают из своих берегов и заливают как "Невский проспект", так и лагерные бараки. Неоднократно все заключенные выгонялись чекистами на осушку болот. Но за отсутствием опытных руководителей дело оканчивалось тем, что деньги, отпущенные центром на осушку Попова острова, мирно успокаивались в карманах администрации.

За северной стеной проволоки расположено несколько тоже деревянных, но значительно лучше построенных и оборудованных домов. В одном из них живет начальство охраняющего Попов остров 95 дивизиона ЧОН (частей особого назначения), входящего в состав Соловецкого полка особого назначения, в других — красноармейцы дивизиона. Последних осенью 1925 года было около 200 человек; как и на Соловках, солдаты хорошо вооружены, но одеты очень бедно и неряшливо.

От расположенной на восточном берегу Попова острова пристани идет к станции Кемь железнодорожная ветка. Звеном, связующим материк с островом, является переброшенная через пролив дамба с мостом, по которому проведены рельсы. С левой стороны железнодорожной ветки (если взять направление на Кемь) расположен лесопильный завод, с правой, ближе к морю, лесные склады, затем станция Попов остров. На севере имеется поповская радиостанция.

Город Кемь, раскинувшийся по обоим берегам реки с тем же названием, был некогда значительным портом по отправке в центральную Россию рыбы и пушного зверья. Огромный поток богомольцев, направлявшийся в Соловецкий монастырь также через Кемь, со своей стороны вносил в город большое оживление. Теперь Кемь — полуразрушенное село. Импорт в центральную Россию рыбы и мехов давно уже заглох: реквизиции у местных рыбаков и охотников сетей, огнестрельного оружия, всяких иных рыболовных и охотничьих снастей разрушили окончательно эти полезные промыслы. Богомольцев нет, ибо самого монастыря давно уже нет. Медленное умирание Кеми, могильная тишина разрушенного города нарушается лишь пьяными безобразиями чекистов концентрационного лагеря.

Высшая администрация Кемперраспредпункта (Кемского пересылочно-распределительного пунта) пугает уцелевших жителей города беспорядочной стрельбой по ночам, бьет стекла в единственной в городе гостинице, открыто швыряет казенные деньги на вино и "шмар" (любовниц), которых многие чекисты выписывают непосредственно из Петербурга или Москвы. Все это остается совершенно безнаказанным. На жалобы граждан Кеми, на просьбы их усмирить высокопоставленных хулиганов ГПУ отвечает: "По наведенным справкам, указанные вами сведения не отвечают действительности..."

За трехлетнее существование свое Кемский концентрационный лагерь пережил многочисленные "смены поповских министров", как называют в лагере представителей администрации.

Довольно продолжительное время комендантом Кемперраспредпункта был некий Гладков родом из города Калуги, совершенно безграмотный рабочий. Гладков уже в лагере еле научился подписывать свои "приговоры" и "приказы" неразборчивыми начальными буквами своей фамилии. И несмотря на такую "образованность" этот палач около двух лет имел право казнить и миловать заключенных.

До революции Гладков сидел в калужской тюрьме за кражу. Там же отбывала наказание и его жена, бывшая проститутка. После революции вместе с политическими заключенными были освобождены из калужской тюрьмы и "политические" Гладковы. Вступив, как и приличествует всем бандитам, в коммунистическую партию, супруги быстро сделали карьеру, а с превращением Соловков в концентрационный лагерь попали на Попов остров в роли коммунистических губернаторов.

В особенности заметную память о себе оставила мадам Гладкова. Ненавидя "буржуев" всей своей каторжной душой, она сразу же взяла под свое покровительство находившихся в кемском лагере уголовных, то есть таких же, как она, воров, убийц, сутенеров и проституток. Командуя своим мужем, она командовала и всем лагерем. Одного слова Гладковой было достаточно, чтобы освободить ту или иную партию "шпаны" от работ и взвалить последние на "контрреволюционеров". Гладкова неизменно улучшала питание уголовных, доставала для них спирт и прочее. В благодарность за такое воистину материнское попечение уголовные в глаза и за глаза называли ее родной матерью. Да представит себе читатель, какой гнет испытывали несчастные кемские "каэры" в эпоху "губернаторства" этой малопочтенной четы!

Партийный билет дал Гладкову возможность и право открыто грабить казенные суммы. Вероятно, он и до сих пор успешно развивал бы свою деятельность в данном направлении, не освободись из лагеря один из заключенных и не донеси он в центр о гладковских преступлениях.

Но здесь снова повторилась история, чрезвычайно характерная для советской власти. В Кемь прибыла ревизионная комиссия (Сольц и др.). Комиссия эта, уличив Гладкова и его жену в ряде подлогов, мошенничестве и растрат, все же нашла возможным их амнистировать, освободить от наказания и перевести в родной город — Калугу — для службы по тому же грабительскому ведомству — ГПУ.

В начале 1924 года из Москвы в Кемь приехал новый комендант кемского лагеря, некий Кирилловский, бывший унтер-офицер одного из петербургских гвардейских полков. Отличался он поразительным даже для чекиста пьянством. Через год Кирилловского перевели на Соловки на должность начальника 4-го отделения лагеря.

Летом 1925 года центральное ГПУ прислало на Попов остров нового коменданта, некоего Федякова. Он уроженец Сибири, по происхождению крестьянин, был долгое время сотрудником иркутского ГПУ. Малограмотный парень (Федяков был еще молод), этот комендант является непременным действующим лицом всех кемских анекдотов, характеризующих исключительную тупость этого чекиста. По единодушному мнению, такого дурака на Поповом острове еще не было.

Большое значение в каждой советской тюрьме и в каждом концентрационном лагере имеет староста. Вначале старостой был Чистяков, чекист из заключенных. По его словам, он попал в ссылку за участие в кронштадтском восстании, но, насколько известно, ни один чекист на стороне восставших в Кронштадте (в 1921 году) против советской власти матросов не был. Большой негодяй и кокаинист, Чистяков жил в лагере как король. Мне рассказывали в Кеми, что Чистяков заставлял заключенных умывать себя!

В последнее время старостой Кемского лагеря был некто Тельнов. На нем стоит остановиться подробнее.

Иван Гаврилович Тельнов, бывший офицер, был прислан на Соловки как активный участник антибольшевистского движения (он служил в армии генерала Деникина). Перипетии гражданской войны создали из него, так сказать, любителя сильных ощущений не без налета авантюризма. Очень интересный как мужчина, он завоевал сердце госпожи Александровской, жены чекиста Александровского, в то время еще имевшего влияние на соловецкие дела.

Благодаря протекции высокопоставленной дамы и собственной ловкости Тельнов скоро стал старостой Соловецкого лагеря.

В этой должности Тельнов специализировался главным образом на преследованиях так называемых "политических и партийных", которых он ненавидел больше, чем самих коммунистов, и "шпаны", всемерно защищая в то же время интересы "контрреволюционеров". Снискав полное к себе доверие местных властей, Тельнов устраивал так, что ни одна жалоба на него со стороны заключенных социалистов не доходила в Москву.

Одновременно Тельнов подготовлял побег. О последнем узнали, Тельнову грозил расстрел. Опять-таки благодаря защите Александровской и собственному умению лавировать, Тельнов не только остался жив, но и не понес никакого наказания. Желая "замазать" дело, соловецкая администрация послала его на Попов остров на должность лагерного старосты.

На Поповом острове Иван Гаврилович — "каэры" называли его в своем кругу "наш Ванька" — снова повел ту же тонкую и опасную игру. С одной стороны, он завлекал в кутежи, взяточничество и разврат верхушку кемской администрации, с другой — посильно помогал "каэрам" и гнул, что называется, в бараний рог низшую администрацию лагеря. Идя ва-банк, Тельнов не стесняясь бил уголовных за малейший проступок или ропот и сажал в карцер рядовых чекистов.

Однажды Тельнов узнал, что на него пишется чекистами жалоба в Москву. Об этом было сообщено тогдашнему коменданту кемского лагеря Кирилловскому, всецело подпавшему под влияние энергичного и бесстрашного офицера. Кирилловский по совету и настоянию Тельнова вызвал к себе доносчиков, жестоко избил их и посадил на месяц в строгий изолятор.

Когда чекистов вели в карцер, Тельнов крикнул им:

— Еще одна жалоба, и я вас, сволочи, всех расстреляю...

Незаметно для самих себя все главные чекисты на Поповом острове оказались в руках у Тельнова, сделались его сообщниками. Постепенно привлекая их к ближайшему участию в дебошах, вымогательствах, подлогах и взятках, ловкий староста не только заинтересовал их денежно, но и купил их молчание и покровительство тем соображением, что если бы и нашелся среди них человек, захотевший погубить Тельнова, этим самым он погубил бы и самого себя, так как в распоряжении Тельнова было достаточно веских улик против всей кемской администрации.

Идя к намеченной цели с такой настойчивостью, подготовив нужную ему почву, Тельнов принялся за осуществление главной своей задачи: побега.

Ему не улыбался одиночный побег его самого; ему, имевшему возможность достать любые настоящие и фальшивые документы и часто по делам лагеря приезжавшему в Кемь, было не трудно бежать чуть ли не совершенно легально. Тельнов хотел вывести в ближайшую к Соловкам страну — Финляндию — весь Кемский лагерь.

— Пусть потом весь север России заговорит о Ваньке Тельнове... — говорил он не раз посвященным в его тайны "каэрам".

Тельнов предполагал, совершив все нужные подготовительные шаги, в один прекрасный день разоружить весь 95-й дивизион. Сделать это было бы не так трудно, принимая во внимание численное соотношение охраны и заключенных, безусловно, в полном своем составе связавших бы свою судьбу с судьбой Тельнова. Намечалась организация особых ударных групп, которые должны были в намеченный момент захватить склады с оружием, убить всех красноармейцев и чекистов и походным порядком двинуться к границе Финляндии. Внушительный отряд бежавших "контрреволюционеров" (в то время численность лагеря доходила до 2000 человек) имел бы все шансы пробиться сквозь незначительные советские патрули.

Ночь накануне восстания Тельнов хотел провести на квартире у Кирилловского, собрать туда высшую администрацию лагеря и напоить ее.

К сожалению, этот смелый, хотя и выполнимый план рухнул с трагической смертью Тельнова.

Третируемые старостой мелкие чекисты, уголовные и заключенные-социалисты соединили свои усилия для "ликвидации захватившего лагерь опасного контрреволюционера". Одна из жалоб на Тельнова дошла до Москвы. ГПУ прислало в Кемь следственную комиссию.

Тельнова увезли на суд в Соловки и там расстреляли в сентябре 1925 года.

Все это рассказывало мне в Кеми лицо, посвященное в планы Тельнова. По словам соловецких красноармейцев, расстрелявших кемского старосту, Тельнов спокойно выслушал приговор и умер как герой.

Опуская целый ряд "работающих" в настоящее время

на Поповом острове чекистов, столь же жестоких, тупых и вороватых алкоголиков, как и их соловецкие собратья, укажу в качестве примера на помощника коменданта Топорова. Он считается специалистом по доставке на Соловки "шмар" из числа заключенных на Поповом острове женщин. У него целый гарем. Вопиющие издевательства над женщинами не в состоянии описать никакое перо.

Уже в день моего прибытия из Кремля на Попов остров я услышал такое приказание начальника караульного помещения:

— Петька, притащи мне рублевую...

Я не понял этого приказа. И мне объяснили, что заключенных женщин на Поповом острове обычно не называют по фамилии, а сообразно их пригодности для удовлетворения похоти администрации — "рублевыми", "полтиничными" или "пятиалтынными", приравнивая их даже по внешним признакам к проституткам.

Работы на Поповом острове такие же, как и на Соловках. То же относится и к условиям жизни, питанию и репрессиям.

Если на Соловках промежуточной инстанцией между изолятором и расстрелом являются каменные мешки, то на Поповом острове за соответствующие "преступления" ставят "на комар".

Мне пришлось быть свидетелем применения этого наказания. Один из весьма многочисленных в кемском лагере заключенных казаков стал требовать выдачи ему полученной из дому посылки с продуктами, реквизированной чекистом Новиковым в свою пользу. Пресекая "злостную контрреволюцию", Новиков распорядился:

— На комар его!

С казака сняли всю одежду до белья включительно и, совершенно голого, привели к комендатуре. Напротив нее устроен особый помост со столбом и отверстиями для ног. Казаку выворотили руки назад и привязали его к столбу. Через полчаса все тело несчастного покрылось волдырями от укусов. Чувствуя мучительный зуд, казак кричал на весь лагерь.

Через час он чуть слышно стонал, а когда его снимали с этого чекистского креста, он был в бессознательном состоянии...

Соловецкие ужасы большей частью заглушают в заключенных всякую сопротивляемость, всякую энергию, а отсюда — всякое желание попытаться вырваться из моря крови и человеческого горя. Только единицы выпавшими на их долю испытаниями закаляют свой дух, свою волю.

Провидению угодно было причислить и меня к таким единицам. Я все годы своего плена у чекистов боролся сам с собой, подавлял свою усталость, заострял свою волю. Я хотел бежать — и я бежал.

По причинам, о которых, вероятно, догадается читатель, я лишен возможности рассказать, как мне удалось подготовить свое бегство и как я совершил его. Излишние подробности могли бы повредить многим там, в закабаленной моей России.

Скажу только, что, сбрив бороду, которую я намеренно носил в лагере, я по фальшивым документам уехал из Кеми по железной дороге в Мурманск, пробыл там некоторое время, оделся и добыл немного денег. Из Мурманска я в форменной фуражке инженера путей сообщения проехал, тоже в поезде, через Кемь далеко на юг, затем двинулся, уже пешком, снова на север, к границам Финляндии.

Границу между советской Россией и Финляндией я перешел 16 декабря 1925 года.

ОГЛАВЛЕНИЕ